ESTHER GÖBEL
HELMUT JANSEN

Die BIBEL in Sketchnotes

ESTHER GÖBEL
HELMUT JANSEN

Die BIBEL in Sketchnotes

Die Sonntagsevangelien
auf den Punkt und
aufs Papier gebracht

echter

Klimaneutral
Druckprodukt
ClimatePartner.com/12514-2306-1021

Bibliografische Information der Deutschen Bibliothek
Die Deutsche Nationalbibliothek verzeichnet diese Publikation in der Deutschen Nationalbibliografie; detaillierte bibliografische Daten sind im Internet über <http://dnb.d-nb.de> abrufbar.

Der Umwelt zuliebe verzichten wir bei diesem Buch auf Folienverpackung.

2. Auflage 2023

www.echter.de
Gesamtgestaltung: wunderlichundweigand, Schwäbisch Hall
Coverbild: Esther Göbel/Helmut Jansen
Druck und Bindung: Friedrich Pustet, Regensburg

ISBN 978-3-429-05848-7

INHALT

Vorwort

„Ich kann gar nicht zeichnen!" – das sagen auch wir! Sicherlich hat sich schon etwas Routine eingestellt, aber das Schöne an Sketchnotes ist ja, dass sie durch ihre Reduzierung aufs Wesentliche wirken und sich nicht in Details verlieren! Und das – so denken wir – tut auch mancher Predigt gut. Versteht uns nicht falsch: Wir wollen Inhalte nicht verflachen, sondern auf den Punkt bringen. Und das geht am besten durch Veranschaulichung.

Eine steile These war mitverantwortlich für das Projekt Sketch-Bibel: „In der Kirche fesselt weniger die Predigt, sondern eher die Kirchenbank." Auf der Kanzel kann man sich daher einiges „erlauben". Im Gegenzug bekommt man leider aber auch kaum direktes Feedback und verliert so den Kontakt zu den Hörenden. Die Sozialen Medien sind hier direkter – und schonungsloser. Sie sind ein geeigneter Ort (für die Kirche), Kommunikation neu zu lernen. Höflichkeit, Anstand und Autorität hielten die Gläubigen bislang artig und brav in der Kirchenbank. Die Einbahn-Kommunikation von der Kanzel herab ist blind und taub geworden für wesentliche Bedingungen von gelingender Kommunikation.

Wir haben uns mit der Sketch-Bibel auf die größte Video-Plattform gewagt und gelernt, dass es etwas mehr braucht, als einfach nur einen Text in die Kamera zu sprechen. Die Grundwährung heißt hier Vertrauen. Es bedarf also etwas mehr, als lediglich die Botschaft etwas aufzuhübschen oder sich auf Sozialen Medien als up to date zu zeigen. Die Einbahn-Kommunikation funktioniert hier nicht und würde eher die gegenteilige Botschaft vermitteln: Wir haben gar kein Interesse an euch!

Vertrauen muss man sich hart und lange erarbeiten. Wir haben drei Jahre lang jede Woche verlässlich ein Video hochgeladen. Und vor allem wollten wir als Personen auftreten – nicht als „Erklärbär" oder „Moralapostel". Die Sketchnotes haben uns dabei geholfen, denn sie sind immer auch ein sehr persönlicher Ausdruck unserer Gedanken zu den jeweiligen Bibeltexten. Als Skizzen sind sie das Gegenteil von perfekten Gemälden. Sie regen zum Weiterdenken an, zur persönlichen Auseinandersetzung mit den biblischen Texten.

Dass es die Sketch-Bibel in der heutigen Form gibt, ist ein Produkt der Pandemie. Der Anlass und die Idee entstanden allerdings bereits im Frühjahr 2019, als Helmut angefragt wurde, in der Katholischen Studierendengemeinde zu predigen, das aber „irgendwie anders" machen wollte. Es folgten noch zwei, drei Clips. Doch erst mit der Pandemie und durch Esthers Einstieg waren die Ressourcen gegeben, tatsächlich zu jedem Sonntags-Evangelium eine Kurzpredigt plus Zeichnung plus Video zu erstellen.

Bei so viel vorhandenem Material entstand natürlich die Idee, die Sketchnotes nach Lesejahren geordnet in einem Buch zu veröffentlichen. Ein weiterer Grund sind die vielen Rückfragen, ob man die Videos auch in Gottesdiensten oder im Unterricht zeigen dürfe — ja, bitte!!

Und schließlich natürlich auch die schönen Rückmeldungen, dass nicht wenige Menschen unsere Texte ab und an als Anregung für eigene Predigten nutzen.

Mit diesem Buch erhält man somit ein schönes Nachschlagewerk und eine Impulssammlung zu allen Sonntagsevangelien des Lesejahrs A inklusive der Direkt-Links zu den Videos. Und natürlich lässt sich das Buch auch als ein alternativer Zugang zur Bibel lesen, um die biblischen Texte als inhaltlich tiefe und zugleich doch so alltagstaugliche Inspirationsquellen zu erschließen.

Wie auch immer: Wer unsere Sketch-Bibel durchblättert bzw. die Videos auf YouTube ansieht, entdeckt schnell, dass es sich um Zeitdokumente handelt: Corona, Trump, kirchlicher Missbrauch und zuletzt natürlich auch der Krieg in der Ukraine. Uns war es wichtig, tagesaktuelle Geschehnisse aufzugreifen, um die bleibende Relevanz und Brisanz der biblischen Texte hervorzuheben.

Und man stellt schnell fest, dass die Sketch-Bibel keine Antworten gibt, sondern zum Nachdenken anregen will. Wir sind davon überzeugt, dass unser Glaube nichts Abgeschlossenes ist. Er ist Mut, Wagnis und Hoffnung. Diese Offenheit leitet auch die Sketch-Bibel. Und das erkennt man auch daran, dass sich das Format über die Zeit immer wieder verändert hat. Wir hatten nicht die Absicht, etwas Perfektes abzuliefern, sondern sind einfach losgelaufen. Wir wollten Neues ausprobieren, statt uns in Konzepten zu verlieren. Und schließlich wollten wir etwas lernen.

Von daher bleiben wir dabei: „Wir können nicht zeichnen – tun es aber trotzdem!“

Viel Spaß und gute Gedanken!
Esther und Helmut

Advent & End-Zeit

ERSTER ADVENTSSONNTAG • MT 24,29–44

Im Evangeliumstext ist die Rede von der Endzeit – und der Hoffnung, dass Jesus alles Mögliche möglich macht. Die Verse sind Teil der großen endzeitlichen Rede Jesu im Matthäusevangelium, die der Evangelienschreiber Matthäus gegen Ende seines Werkes, aber sicher noch bewusst vor der Schilderung des Leidens und der Auferstehung Jesu platziert. Jesus spricht hier seine Jüngerinnen und Jünger direkt an. Und greift deren drängende Frage auf: „Sag uns, wann wird dies geschehen? Und was wird das Zeichen deiner Ankunft und die Vollendung der Weltzeit sein?“

Interessant ist, dass als eigentliche Not nicht die Verfolgung der Glaubenden von außen genannt wird, sondern die Konflikte in der Gemeinde selbst. Es ist die Rede vom Abfall verbunden mit Verrat. Mt 24,11 erwähnt Falschpropheten und damit verbunden Hass und ein Erkalten der Liebe. Und weil dies alles überhandnimmt, sollen die Jünger*innen jetzt das Evangelium von der Gottesherrschaft weiter verkünden.

„Sag uns, wann wird dies geschehen? Und was wird das Zeichen deiner Ankunft und die Vollendung der Weltzeit sein?“

Der Evangelist schildert diese Wiederkunft als kosmisches Geschehen – mit ordentlich „Trärää“. Mit Pauken und Posaunen. Jesus als der Menschensohn tritt in Erscheinung und bringt alles ins Wanken. Alles, was vorher unverrückbar und in Stein gemeißelt schien. Alle Hürden und Mauern. Alle Einschränkungen und Abgrenzungen. Eigentlich wird alles aus den Angeln gehoben. Selbst die Zeit. „End-Zeit“ eben.

Angesprochen auf den genauen Zeitpunkt, nutzt Jesus das Bild und Gleichnis vom Feigenbaum und dass man an dessen Zweigen und Blättern schon früh ablesen kann, dass der Sommer kommt. Die Botschaft ist klar: Es geht um Wachsamkeit und Offenheit. Der Menschensohn steht schon nahe vor den Türen. Es gilt, die Zeichen der Zeit zu erkennen.

Und dadurch, dass kein festes Datum genannt wird, könnte man den Text auch so lesen, dass zu jeder Zeit und in *jeder* Situation Gottes Reich aufblitzen und anbrechen kann. End-Zeit eben. Durch mich, durch meine Wachsamkeit. Durch meine Sensibilität für das, was gerade in Not ist. Gottes Reich ist nahe. Ich kann es erkennen und an seiner Ankunft sogar aktiv mitwirken durch meine Wachsamkeit!

Ich kann ein kleines, vielleicht sogar ein großes Beben erzeugen und manches unmöglich gedachte möglich machen – allein schon, wenn ich mit Mut und offenen Augen durch die Welt gehe. Meine Erwartungshaltung ist dann nicht länger ein Abwarten oder Einfordern, sondern ein Hoffen und Möglich-Machen.

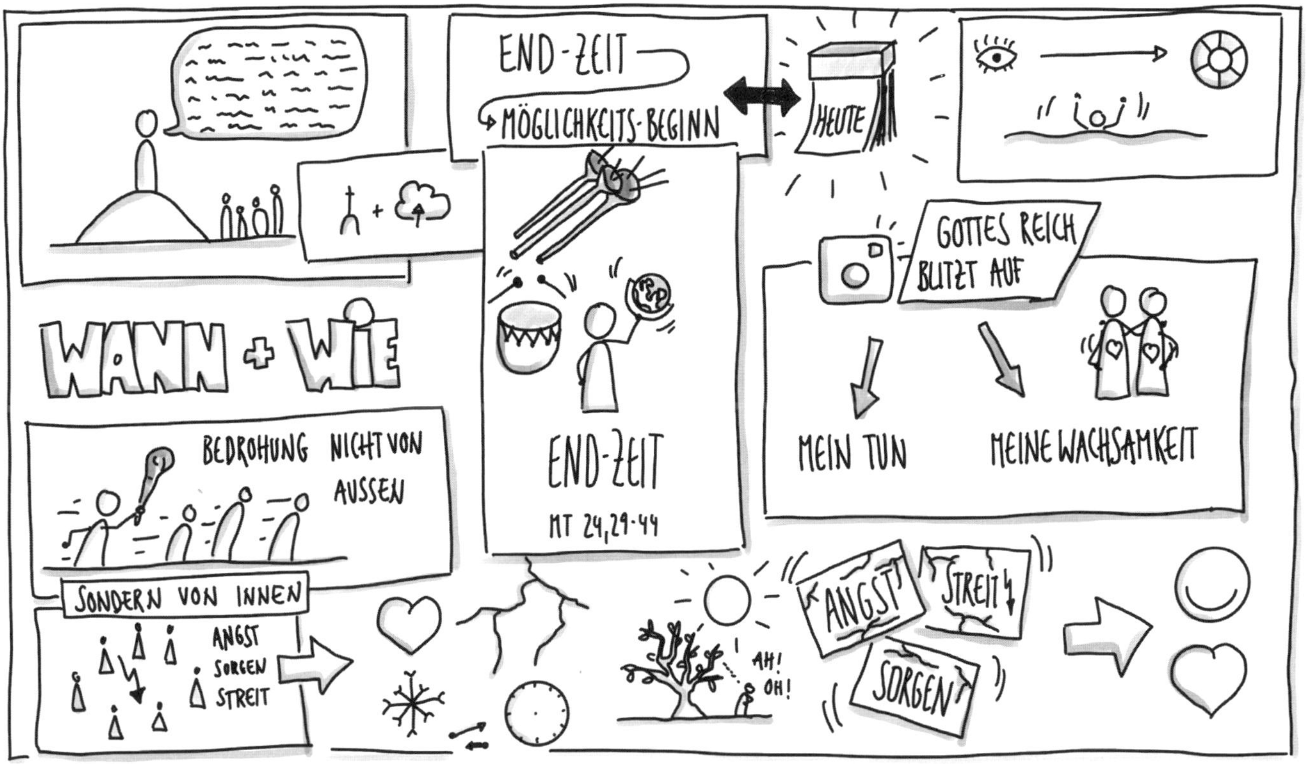
END-ZEIT
MÖGLICHKEITS-BEGINN
HEUTE
GOTTES REICH BLITZT AUF
WANN + WIE
BEDROHUNG NICHT VON AUSSEN
END-ZEIT
MT 24,29-44
MEIN TUN
MEINE WACHSAMKEIT
SONDERN VON INNEN
ANGST
SORGEN
STREIT
AH!
OH!
ANGST
STREIT
SORGEN

Trailer Jesu: Johannes der Täufer

ZWEITER ADVENTSSONNTAG • MT 3,1–12

Trailer zeigen stets die besten, rasantesten und attraktivsten Szenen, um Lust und Erwartungen des Publikums auf den Hauptfilm zu wecken.

Vielleicht könnte man Johannes den Täufer als Trailer zum großen Jesus-Film betrachten?!

„Kehrt um“, sagt Johannes! „Bereitet dem Herrn den Weg, das Himmelreich ist nahe!“

Aber wie geht Umkehr? Was ist mit Umdenken und Erneuerung gemeint?

Der griechische Begriff Metanoia meint eine Änderung der eigenen Lebensauffassung, die Gewinnung einer neuen Weltsicht. Eine Art innere Kurskorrektur.

Ziemlich aktuelle Botschaft, wie ich finde. Wir wissen längst, dass in unserer Zeit ein dringendes Umdenken in Sachen Klimapolitik, gerechtere Güterverteilung, Solidarität und Gleichberechtigung gefragt ist. Die Zeit drängt und dennoch passiert wenig.

Auch in unserer Kirche ist es längst 5 nach 12.

Johannes nahm seinen prophetischen Auftrag damals ziemlich ernst und überlegte sich wahrscheinlich gut, wie er mit seiner Botschaft möglichst viele Leute erreichen könnte und wie er sie tatsächlich auch zum Zuhören und Handeln bewegen könnte.

Das ist eine sehr moderne Fragestellung: Wie generiert man Reichweite und gewinnt Follower?

Nun gab es zu biblischen Zeiten noch keine Massenmedien oder soziale Netzwerke.

Naheliegend wäre es gewesen, nach Jerusalem zu gehen und am Tempel zu predigen, so wie es viele Propheten damals machten.

Aber Johannes machte es ganz anders: er ging in die Wüste, wo kaum jemand lebte, kleidete sich ungewöhnlich und ernährte sich seltsam. Wie sollte das massentaugliche Aufmerksamkeit erregen?

Heutzutage würde Johannes vielleicht ins vorpommersche Hinterland oder die brandenburgische Pampa gehen; er würde keine massenkompatiblen Markenklamotten tragen, sondern vielleicht Second-Hand-Klamotten up-cyclen und er würde sich vermutlich vegan ernähren. Das gilt heute in bestimmten Kreisen schon als hip, in anderen aber immer noch als kauzig und seltsam.

Und genau das zieht die Aufmerksamkeit auf sich: gerade nicht normal und mainstream zu sein. Und auch damals sprach sich gerade das schnell herum. Viele kamen, um den komischen Typen mal live zu sehen. Und offenbar ließen sich viele von ihm ins Gewissen reden, bekannten ihre Sünden und ließen sich zum Zeichen ihres Umdenkens von Johannes taufen.

Worauf wollen uns also heute all die vielleicht manchmal fast ideologisch und fundamentalkritischen, veganen, queeren, Letzte-Generation-Klima-Aktivist*innen hinweisen? Es ist höchste Zeit umzukehren und umzudenken! Es ist Zeit für Erneuerung und Reformen. Wer den Mut zu grundlegenden Neuerungen nicht hat, ist weder Wegbereiter*in für das Reich Gottes noch Nachfolger*in Jesu.

KEHRT UM
?!
METANOIA
»NEWS
CARGO
?!
Mt 3,1–12
WÜSTE
KAMELHAAR
HEUSCHRECKEN
≙
BRANDENBURG
UP-CYCLING/
SECOND-HAND
VEGAN

Wer ist Jesus? Und wer ist Johannes?

DRITTER ADVENTSSONNTAG • MT 11,2–11

Wer ist Johannes? Wer ist Jesus? Und wozu die vielen Gegenfragen, die Jesus im Evangelium stellt?

Fragen über Fragen: Johannes fragt (oder lässt fragen), wer dieser Jesus sei bzw. ob er tatsächlich der ersehnte Messias ist. Und er fragt das aus einer mehr als unkomfortablen Situation heraus: Er sitzt im Gefängnis. Und das, weil er selbst von Hoffnung und der Sehnsucht nach Befreiung gepredigt hat. Er sitzt also auf dem Scherbenhaufen seiner Hoffnung. Am absoluten Nullpunkt.

Erstaunlicherweise hat Johannes seine Hoffnung trotz allem nicht aufgegeben. Er ist sogar fest davon überzeugt, dass Rettung naht: Und wenn nicht jetzt, dann eben später. Aber sie wird kommen! Hiervon lässt sich Johannes nicht abbringen. Warum sonst sollte er fragen: „Bist du der, der kommen soll, oder sollen wir auf einen anderen warten?"

Die Antwort Jesu könnte nicht überzeugender sein und unterstreicht, dass das Wesen Gottes mehr sein muss als eine Idee, Lehre oder bloße Vorstellung: Gottes Kommen in die Welt zeigt sich ganz real und erfahrbar. Sein Kommen wird in Geschehnissen erlebbar: „Blinde sehen wieder und Lahme gehen; Aussätzige werden rein und Taube hören; Tote stehen auf und Armen wird eine frohmachende Botschaft verkündet!" An Jesu Taten kann man erkennen, wer er ist: Er ist die gelebte Liebe in Person – in Menschengestalt. Und dass dieser Gott nicht nur eine ferne Idee ist, sondern dass er sich ganz konkret als Liebe begreifbar und angreifbar macht, erzeugt eine neue Realität der Hoffnung, die tatsächlich alles verändert! Es ist eine Botschaft, die Mut macht, die Hoffnung niemals aufzugeben.

Und wer ist dieser Johannes? So haben vermutlich damals auch einige Menschen gefragt und man kann erahnen, dass dessen Auftreten durchaus irritierend war. Jesus fragt zurück. Und in diesen Gegenfragen zeigt sich nicht nur, was diesen Johannes gekennzeichnet hat, sondern auch, was es heißt, von Gottes Kommen zu berichten.

„Was habt ihr denn sehen wollen, als ihr in die Wüste hinausgegangen seid? Ein Schilfrohr, das im Wind schwankt? Oder einen Mann in feiner Kleidung? Siehe, die fein gekleidet sind, findet man in den Palästen der Könige."

Wer Gottes Liebe den Weg bahnen will, kann das kaum als wankendes Hälmchen tun – und muss es auch nicht: Das ist kein Aufruf zu unerbittlicher Härte, sondern zu Mut und Wagnis in aller Zerbrechlichkeit! Wer Gottes Liebe den Weg bahnen will, sollte auch nicht Sehnsucht mit Erfüllung verwechseln: Gottes Liebe will in die Welt kommen: Liebe ist kein Status, kein Palast, den man herstellen kann. Liebe ist Tun und Wagnis, das sich ereignen und darstellen will. Liebe ist ein Geschehen, das Realitäten verändert und sogar in aussichtslosesten Situationen Kraft und Lächeln erzeugen kann – und: wenn das Wesen dieser Liebe sogar göttlich ist – selbst über den Tod hinausreicht!

Johannes hat dieser Liebe wie kein anderer Bahn gebrochen. Im Menschen Jesus ist diese Liebe gelebte Realität geworden. Und die Göttlichkeit dieser Liebe verspricht Hoffnung. Wenn wir uns fragen, wer dieser Johannes und dieser Jesus waren, kommen wir zu der alles entscheidenden Frage, wer wir selbst sein wollen. Wer wir selbst sein können und wer wir selbst sein werden.

Mit der Geburt Jesu war es so ...

VIERTER ADVENTSSONNTAG • MT 1,18–25

Mit der Geburt Jesu Christi war es so:
Seine Mutter Maria war mit Josef verlobt. Sie hatten noch nicht miteinander geschlafen, da stellte sich heraus, dass Maria schwanger war durch das Wirken des Heiligen Geistes.

Josef, ihr Mann, hielt Gottes Gebote, aber er wollte Maria nicht bloßstellen. Ohne Aufsehen zu erregen, wollte er sich also von ihr trennen.

Während er noch darüber nachdachte, erschien ihm ein Engel im Traum und sagte: Josef, du Sohn Davids, habe keine Bedenken, deine Frau Maria zu dir zu nehmen, denn das Kind, das sie erwartet, ist aus dem Heiligen Geist. Sie wird einen Sohn zur Welt bringen, dem sollst du den Namen Jesus geben. Denn er wird sein Volk retten und es von aller Schuld befreien.

Das alles geschah, damit in Erfüllung ging, was der Herr durch den Propheten gesagt hatte: Seht, die Jungfrau wird schwanger werden und einen Sohn bekommen. Sein Name ist Immanuel, das bedeutet „Gott ist mit uns".

Als Josef erwachte, tat er, was der Engel des Herrn ihm befohlen hatte. Er nahm seine Frau zu sich. Er schlief aber nicht mit Maria, bis sie ihren Sohn zur Welt brachte. Und er gab ihm den Namen Jesus.

MIT DER GEBURT JESU WAR ES SO... (MT 1,18-25):
AUCH...
DENN!
FÜRCHTE DICH NICHT!!
IMMA NUEL ...
JESUS!
JESUS

Die Weihnachtsgeschichte

HOCHFEST GEBURT DES HERRN UND OKTAVTAG VON WEIHNACHTEN • LK 2,1–21

Es geschah aber in jenen Tagen, dass Kaiser Augustus den Befehl erließ, den ganzen Erdkreis in Steuerlisten einzutragen. Diese Aufzeichnung war die erste; damals war Quirinius Statthalter von Syrien. Da ging jeder in seine Stadt, um sich eintragen zu lassen. So zog auch Josef von der Stadt Nazareth in Galiläa hinauf nach Judäa in die Stadt Davids, die Betlehem heißt; denn er war aus dem Haus und Geschlecht Davids. Er wollte sich eintragen lassen mit Maria, seiner Verlobten, die ein Kind erwartete. Es geschah, als sie dort waren, da erfüllten sich die Tage, dass sie gebären sollte, und sie gebar ihren Sohn, den Erstgeborenen. Sie wickelte ihn in Windeln und legte ihn in eine Krippe, weil in der Herberge kein Platz für sie war. In dieser Gegend lagerten Hirten auf freiem Feld und hielten Nachtwache bei ihrer Herde. Da trat ein Engel des Herrn zu ihnen und die Herrlichkeit des Herrn umstrahlte sie und sie fürchteten sich sehr. Der Engel sagte zu ihnen: Fürchtet euch nicht, denn siehe, ich verkünde euch eine große Freude, die dem ganzen Volk zuteilwerden soll: Heute ist euch in der Stadt Davids der Retter geboren; er ist der Christus, der Herr. Und das soll euch als Zeichen dienen: Ihr werdet ein Kind finden, das, in Windeln gewickelt, in einer Krippe liegt. Und plötzlich war bei dem Engel ein großes himmlisches Heer, das Gott lobte und sprach: Ehre sei Gott in der Höhe / und Friede auf Erden / den Menschen seines Wohlgefallens. Und es geschah, als die Engel von ihnen in den Himmel zurückgekehrt waren, sagten die Hirten zueinander: Lasst uns nach Betlehem gehen, um das Ereignis zu sehen, das uns der Herr kundgetan hat! So eilten sie hin und fanden Maria und Josef und das Kind, das in der Krippe lag. Als sie es sahen, erzählten sie von dem Wort, das ihnen über dieses Kind gesagt worden war. Und alle, die es hörten, staunten über das, was ihnen von den Hirten erzählt wurde. Maria aber bewahrte alle diese Worte und erwog sie in ihrem Herzen. Die Hirten kehrten zurück, rühmten Gott und priesen ihn für alles, was sie gehört und gesehen hatten, so wie es ihnen gesagt worden war. Als acht Tage vorüber waren und das Kind beschnitten werden sollte, gab man ihm den Namen Jesus, den der Engel genannt hatte, bevor das Kind im Mutterleib empfangen war.

DIE WEIHNACHTS-GESCHICHTE
LK 2,1-20
(PLUS MT 2,1-12)
BETHLEHEM
BOOKING.COM
THE RITZ AUSGEBUCHT
ADLON AUSGEBUCHT
SACHER AUSGEBUCHT
STALL
BOOK
WLAN Ø
TV Ø
HEIZUNG Ø
FÜRCHTET EUCH NICHT!
EUCH IST DER RETTER GEBOREN!
CHRISTUS, DER HERR

Klein anfangen

OKTAVTAG VON WEIHNACHTEN • LK 2,16–21

Die Feier der Geburt Jesu wurde bewusst in diese Zeit der winterlichen Starre und Dunkelheit gelegt. Wie heißt es so passend: Wenn die Nacht am tiefsten ist, ist der Tag am Nächsten. In die tiefste Dunkelheit hinein ist Gott gekommen.

Versteht mich richtig: Er hat nicht bloß das Licht angeknipst, sondern hat sich selbst in die Dunkelheit begeben. Das Bild von dem nackten Kind in der Futterkrippe könnte passender nicht sein. Die Hoffnung, die von diesem Kind ausstrahlt, mag nur wie ein sehr zartes Pflänzchen wirken. Doch umso erstaunlicher ist, dass die Geschichte im Evangelium das Gegenteil beschreibt und die Hirten als tief beeindruckt und erfüllt.

Wenn es sich tatsächlich um ein göttliches Geschehen handeln sollte, dann scheint es dieser Gott ernst zu meinen. Er zeigt sich verletzlich, weil ihm echte Liebe mehr wert ist als Anbetung und Gehorsam aus Zwang und Unterdrückung.

Gott setzt einen Neuanfang und er meint es ernst. Neuanfang und Ernsthaftigkeit sind auch die vorherrschenden Themen bei Jahreswechseln oder anderen besonderen Ereignissen. Es tut so gut, sich Vorhaben auszumalen und sich bereits im Licht des Erfolges zu wärmen. Und es ist tatsächlich hilfreich, Kraft aus Visionen zu ziehen. Blöderweise liegt dann aber noch ein Weg zwischen Ist und Soll. Und wer sich zu lange an seinen Visionen labt, dem fällt dann die Umsetzung im Alltag umso schwerer. Auch in dieser Hinsicht finde ich das Bild vom Kind in der Krippe stärkend, denn es lädt mich ein, „klein“ anzufangen. Dann wird aus dem „Aller Anfang ist schwer“ ein „Allem Anfang wohnt ein Zauber inne“ – so jedenfalls Hermann Hesse. Man könnte auch sagen: „Jeder Anfang ist ja bereits ein Anfang!“

Gott erscheint als kleines verletzliches Kind. Er will die Menschen nicht mitzerren oder gar befehlen, sondern berühren. Er erscheint nicht als Triumphator auf einem Thron, sondern in einer Futterkrippe. Mein Jahresanfang und -vorsatz darf auch sehr klein sein und kann dann von Erfolg zu Erfolg wachsen. Vielleicht muss er sogar klein sein, damit er sich gerade in den kleinen und alltäglichen Dingen bewährt und nicht nur große Illusion bleibt.

Im Kleinen anzufangen, kann das Größte werden. Vor allem, wenn es mal nicht nach Plan läuft. Hier kann ich zeigen, wie ernst ich es meine, und nicht bloß Versprechen abgeben!

Da ist es gut zu wissen, einen Gott an seiner Seite zu haben, der sich für das Kleine nicht zu schade war. Der keine falschen Versprechen abgegeben hat, sondern es ernst meinte. So ernst, dass er als Kind in einer Futterkrippe in die Welt der Menschen gekommen ist.

START
KLEIN
ANFANGEN
JEDER ANFANG IST SCHON EIN ANFANG!
GOTT
NICHT BLOSS
KLACK
SONDERN
LK 2,16-21
STATT

Du bist der geliebte Mensch

TAUFE DES HERRN • MT 3,13–17

„Dies ist mein geliebter Sohn, an dem ich Wohlgefallen habe." Diese wahrlich großmachenden Worte waren an Jesus und alle Anwesenden gerichtet— und ganz ehrlich: Wer möchte solch warme Worte nicht von seinen Eltern hören?

Damit sich ein Kind gesund entwickeln kann, braucht es die Liebe und Zuneigung seiner Eltern. Wer sich als Kind von den Eltern nicht geliebt fühlt, erkrankt im Erwachsenenalter eher an einer Depression. Unerwünschte Kinder leiden ihr Leben lang.

Laut Studien sind fast die Hälfte aller Schwangerschaften in der Bundesrepublik nicht gewünscht. Nur: Niemand redet darüber. Es ist ein gesellschaftspolitisches Tabu, ablehnende Gefühle gegenüber Schwangerschaft und Kind zu thematisieren. Die Frauen müssen in der Regel allein mit den Folgen fertig werden. Das sogenannte „Urvertrauen" zwischen Mutter und Kind wird sich nicht einstellen. „Zu-kurz-kommen" charakterisiert das ganze Leben der Kinder. Meine Namenskollegin, die Journalistin Esther Göbel, hat darüber eine Buch geschrieben.

Ein anderes Buch, das mich sehr berührt und bereichert hat, ist das von Henri Nouwen, „Du bist der geliebte Mensch", in dem er ausführlich beschreibt, dass diese göttliche Zusage nicht nur Jesus galt, sondern die „innerste Wahrheit jedes Menschen freilegt", ob wir nun ein geplantes Wunschkind unserer Eltern waren oder nicht.

„Du bist ein geliebter Mensch" – diese Worte der Liebe im eigenen Innersten zu vernehmen ist nicht leicht in einer Welt, die uns permanent anschreit: Du bist nicht gut genug, du bist hässlich, du bist wertlos und unnütz – es sei denn, du beweist das Gegenteil. Dem gesellschaftlichen Leistungs- und Optimierungsdruck zu entkommen, ist fast unmöglich. Gestresst zu sein, gilt schon fast als Statussymbol, denn man erbringt damit genau den Beweis, ein wertvolles Mitglied ebendieser Gesellschaft zu sein.

Erfolg, Berühmtheit und Macht können eine Versuchung sein, die zugleich die Falle der Selbstverachtung ist. Sobald man kritisiert wird, sprechen die inneren Schatten: Ich habe es schon immer gewusst, ich kann nichts. Überheblichkeit und Minderwertigkeitsgefühl sind Kehrseiten einer Medaille. „Die Verachtung seiner selbst ist der größte Feind des geistlichen Lebens", schreibt Nouwen, „denn sie sagt das gerade Gegenteil davon, was die Stimme vom Himmel her sagt: Du bist ein geliebter Mensch."

Gerade wer sich nicht von denen geliebt fühlt, die einem das Leben schenkten, haben es schwer, diese innere Stimme zu hören, und brauchen manchmal Menschen, die ihnen das stellvertretend erfahrbar machen und laut zusprechen. Das ist christliche Verpflichtung derer, die als Kleinkinder mehr Glück hatten:

„So spricht Gott, der dich erschaffen und geformt hat: Ich habe dich beim Namen gerufen, du gehörst zu mir. Ich bin dein Gott und ich bin bei dir, weil du in meinen Augen teuer und wertvoll bist und weil ich dich liebe“ (etwas frei nach Jes 43,1–5).

Glaub es nur: Auch DU bist ein geliebter Mensch, an dem Gott ein Wohlgefallen hat.

Die Er-Kenntnis des Johannes

2. SONNTAG IM JAHRESKREIS • JOH 1,29–34

Johannes ist ja bekannt für seine komplexe Theologie. Aber beim heutigen Evangelium bleibe ich an etwas ganz Banalem hängen: der Bedeutung von Kennen und Erkennen.

Kennen und Erkennen sind zwei Worte, die zunächst sehr ähnlich klingen. Aber wenn man sich den Text des Evangeliums anschaut, könnten sie fast nicht gegensätzlicher sein! Johannes sagt dort: „Auch ich kannte ihn nicht; aber ich bin gekommen und taufe mit Wasser, damit er Israel offenbart wird." Und später: „Auch ich kannte ihn nicht; aber er, der mich gesandt hat, mit Wasser zu taufen, er hat mir gesagt: Auf wen du den Geist herabkommen und auf ihm bleiben siehst, der ist es, der mit dem Heiligen Geist tauft. Und ich habe es gesehen und bezeugt: Dieser ist der Sohn Gottes."

Die ursprüngliche Unkenntnis von Johannes muss kein Mangel sein: Sie ist eher die hilfreiche Offenheit für das, was sich neu ereignen könnte. Kenntnis dagegen äußert sich eher in den „bekannten" Sätze wie: „Das war schon immer so." Etwas zu kennen heißt, etwas auf meinen Kenntnis-Horizont festzuschreiben. Der Raum für jegliche Überraschung, Entfaltung und Entwicklung ist damit unterbunden. Der Wissende hat sich in seiner Welt eingerichtet.

Wie viel Unkenntnis gestehen wir uns ein? Und mit „wir" meine ich alle Gläubigen.

Wie groß ist die Bereitschaft, sich überraschen zu lassen – von anderen Menschen, von Gott? Die oft zitierten Wort des verstorbenen Bischofs Hemmerle bleiben aktuell: „Laß mich dich lernen, dein Denken und Sprechen, dein Fragen und Dasein, damit ich daran die Botschaft neu lernen kann, die ich dir zu überliefern habe." Was auf den ersten Blick holprig klingt, meint, dass ich niemals im Besitz der Botschaft sein kann, sie also kenne und bloß rezitieren müsste. Die Botschaft impliziert eine Haltung des Nicht-Wissens, oder positiv formuliert: ein Offen-Bleiben und Erstaunen vor dem anderen, dem oder der bleibend Unbekannten. Die Botschaft ereignet sich vielmehr in dieser Haltung, also im Ernstnehmen und Anteilnehmen. In diesem Geschehen ist Gottes Geist präsent und erkennbar. In dieser Offenheit entdecke ich den Lernort des Glaubens.

Um Gott zu erkennen – und das Gleiche gilt wohl auch für jede menschliche Beziehung –, lohnt es sich, einen Schritt aus dem vermeintlichen Wissen herauszutreten. Eine Haltung übrigens, die sonst eher der Naturwissenschaft und Forschung zugeschrieben wird.

Johannes stellt sich als der große Unwissende dar, der zu größter Erkenntnis kommt. Wer Neues erkennen will, hat mit dem Eingeständnis eigener Unwissenheit die größten Chancen.

All das kann ich natürlich jetzt noch nur als steile These hier so stehen lassen. Aber zum Nachdenken stell ich es gerne zur Verfügung.

ER IST ES!
KEIN MANGEL
HILFREICHE OFFENHEIT!
„DAS WAR SCHON IMMER SO!
MEINE KLEINE WELT
UNWISSENHEIT → GRÖSSTE ERKENNTNIS
JOH 1,29-34
(ER) KENNEN
GOTT
KENNEN LERNEN
KENNEN LERNEN
NO!
YES!
KENNEN LERNEN WOLLEN
OH!
AH!
ACH SO!
WISSEN

Menschenfischen – nein, bitte nicht mehr!

3. SONNTAG IM JAHRESKREIS • MT 4,12–23

Im ersten Moment ist es ein tolles Bild, wenn Jesus seine Jünger zu Menschenfischern macht. Im zweiten kommen aber Fragen: Wer will denn in einem Netz gefangen sein? Fischt man normalerweise nicht, um zu töten? Jesus meint das wohl anders.

Von Jesu Kindheit und Jugend wissen wir wenig. Der Evangelist Matthäus erzählt uns gar nichts über den heranwachsenden Jesus. Erst als Jesus erwachsen ist, setzt die Geschichte wieder ein. Jesus ist sich seiner Sendung bewusst. Er hat einen Auftrag zu erfüllen. Er möchte den Menschen vom Reich Gottes erzählen. Dabei ist ihm bewusst, dass er das nicht alleine kann.

Jesus ist am Ufer des Sees Genezareth unterwegs. Er spricht: „Kehrt um! Denn das Himmelreich ist nahe." Am Ufer des Sees trifft er die Menschen, die da eben gerade sind: Fischer. Und daher verwendet er ein Bild, das sie verstehen. Er sagt: „Kommt her, folgt mir nach! Ich werde euch zu Menschenfischern machen." Sie verstehen anscheinend sofort, was er meint. Und machen etwas ziemlich Krasses, wenn sie alles stehen und liegen lassen und diesem Jesus folgen.

In heutigen Ohren klingt das ganze Bild irgendwie schräg. Menschen fischen? Machen das nicht eher verantwortungslose Sektenfänger? Und warum fängt man Fische? Doch um sie später zu töten! Und wollen wir nicht heute, dass Menschen freiwillig der Botschaft folgen? Alles andere ist Missbrauch.

Das Bild passt für uns nicht mehr. Alles sperrt sich dagegen, die Idee, Begeisterung für Gott und das Himmelreich zu wecken, mit Fischfang zu vergleichen. Wenn wir an heutige Formen des Massenfischfangs auf hoher See denken, erst recht.

Der springende Punkt ist ein anderer: Jesus verwendet genau das Bild, das die Menschen in seiner Umgebung verstehen. Und das war eben Fischen. Wir müssen nach neuen Bildern suchen.

Auch heute braucht Jesus Menschen, die vom Reich Gottes erzählen. Auch heute braucht er Menschen, die in seiner Spur eine Welt voller Gerechtigkeit aufbauen. Auch heute braucht er uns, damit lebendig bleibt, dass ein Leben mit Gott ein gute Option ist. Dazu braucht er Leute, die wirklich ihm folgen – und auch manch Liebgewordenes zurücklassen.

Vielleicht würde Jesus in einem Hightech-Konzern sagen: „Kommt her. Folgt mir. Euer bisheriger Content ist doch Bullshit. Der einzig lohnende Content ist das Reich Gottes."

Aber egal, wie das neue Bild aussieht.

Es geht um eine echte Entscheidung. Ein bisschen mitkommen – oder mal ausprobieren, ob es wirklich was ist – das ist nicht der Kern dieser Berufungsgeschichte. Wer im Sinne der Menschenfischererzählung Jünger*in sein möchte, der muss echt etwas wagen.

Lasse ich mich da ansprechen? Da, wo ich halt lebe? Also nicht am Ufer des Sees – sondern jetzt gerade?
(Konstantin Bischoff)

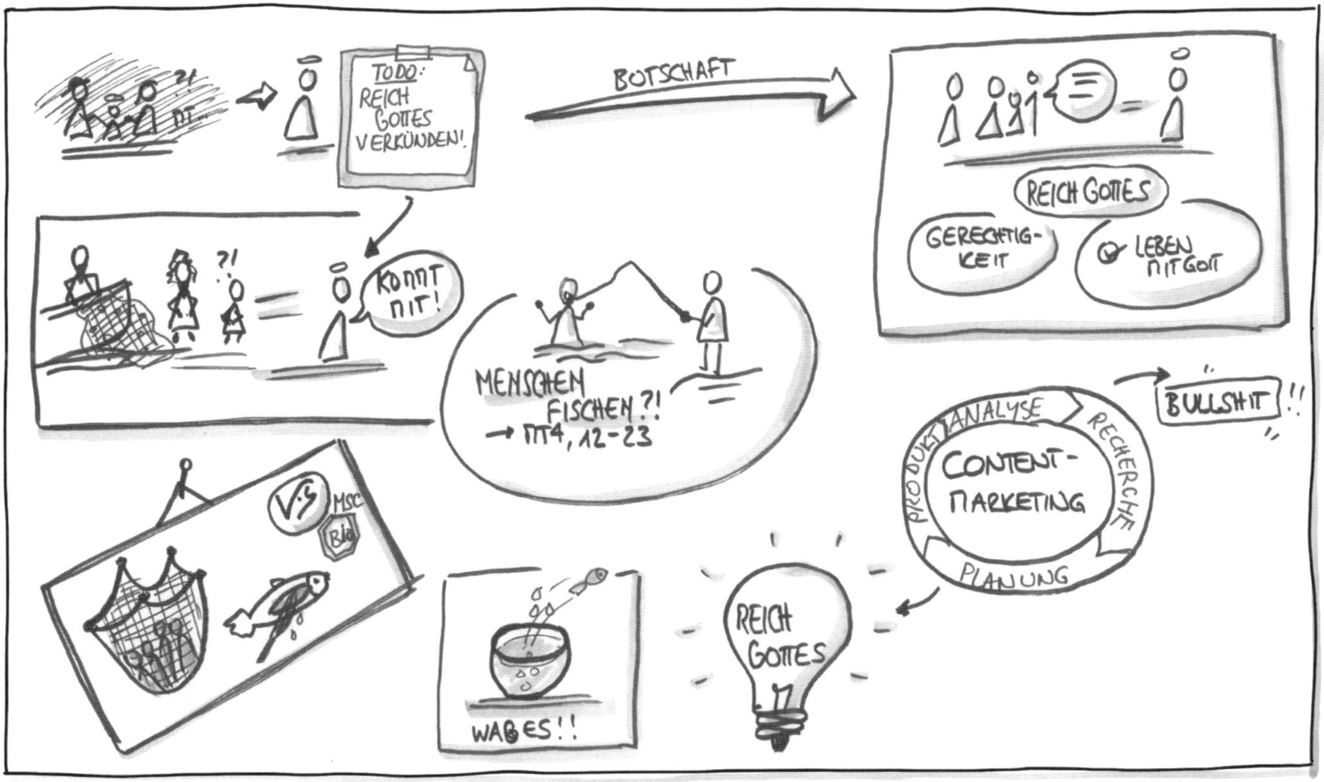

Die Seligpreisungen (auch zu Allerheiligen am 1.11.)

4. SONNTAG IM JAHRESKREIS • MT 5,1–12A

Als Kind dachte ich immer, die sogenannten Seligpreisungen der Bergpredigt sind eine Art Neuauflage der zehn Gebote, also Vorschriften, wie Menschen zu leben hätten – wie sie in den Himmel kommen (oder auch nicht). Und dann der Krampf in der Auslegung, dass nur Arme in den Himmel kämen. Neinnein, hieß es dann. Es bedeute „Armut im Geiste". Wie auch immer. Mir will nicht einleuchten, warum man Armut glorifizieren sollte: Armut ist schrecklich und sollte weltweit bekämpft werden. Und geistige Armut ist wiederum gefährlich (wie uns die Geschichte gelehrt hat).

Ich verstehe die Seligpreisungen nicht als absurde Handlungsanweisungen oder Eintrittsbedingungen. Die Menschen, zu denen Jesus damals sprach, folgten ihm ja bereits. Und auch die Gemeinden, für die Matthäus das Evangelium aufschrieb, hatten eher unter den gesellschaftlichen Konsequenzen ihres gelebten Christseins zu leiden. Sie machten die Erfahrung, das „Gut-Sein", sich für andere einsetzen, Liebe leben etc. oft zum eigenen Nachteil führt und ausgenutzt wird. Da bedarf es eher einer größeren Hoffnung, dass ein Engagement für mehr Gerechtigkeit dennoch Sinn macht. Also dass es nicht vergebens ist, für andere einzustehen.

Die Seligpreisungen sind Hoffnungsworte. Sie wollen Mut machen angesichts der erlebten Konsequenzen: Wenn Menschen viel oder sogar fast ihr letztes Hemd für andere geben, dürfen sie wissen, dass Besitz nicht alles ist. Niemand muss den Starken oder die Unbeugsame spielen, wenn es im Leben nicht so läuft. Es darf geweint werden.

Und wie schwer ist es, bei erlebter Ungerechtigkeit auf Gewalt zu verzichten: Sinn macht das nur, wenn man eine Hoffnung hat, dass nichts und niemand die Würde und Geltung eines Menschen vernichten kann.

Die Seligpreisungen sind ein hoffnungsvoller Lobgesang auf ein umfassenderes Heil, das allen Alltagserfahrungen trotzt. Und vermutlich haben die Menschen, die für uns heute Heilige sind, genau aus dieser Hoffnung gelebt. Es waren nicht Menschen, die immer nur gut und brav waren. Es waren Menschen, die nicht selten ein wildes oder sogar mörderisches Leben lebten (man denke nur an Paulus). Heilige waren Menschen, für die die Hoffnung, dass Gut-Sein Sinn macht, irgendwann größer und stärker war als die Alltagserfahrung. Menschen, die aus den Seligpreisungen so viel Mut und Zuversicht schöpften, dass sie auf andere Sicherheiten und Versprechen nicht mehr angewiesen waren.

Allerheiligen war zunächst ein Fest zum Gedenken der ersten Märtyrer, die scheinbar aus dieser größeren Hoffnung lebten. Allerheiligen kann zu einem Fest für eine bessere Welt werden. Und wir können uns gegenseitig bestärken und ermutigen, dass es da sinnvolle Alternativen gibt zu einem „Hauptsache-Ich" – aus Angst, zu kurz zu kommen.

Salz der Erde und Licht der Welt

5. SONNTAG IM JAHRESKREIS • MT 5,13–16

Die Rede vom Licht der Welt und vom Salz der Erde ist Teil der Bergpredigt. In ihr zeichnet Jesus viele Bilder und versucht so Antworten auf die Fragen zu geben, die ihm gestellt werden. Jesus sagt auch von sich selbst, dass er das Licht der Welt ist.

Das ist ein starkes Zeichen, dass er die Worte dann auch an seine Zuhörer*innen und damit an uns alle richtet. Jesus sagt damit, dass alle wichtig sind, dass das Leben ohne uns fad und dunkel ist. Eine klare Zusage ohne Bedingungen und Einschränkungen.

Licht und Salz sind unverzichtbar und beides brauchen wir zum Leben. Jedes Jahr nehmen wir rund 2 kg Salz auf und auch zurzeit Jesu war Salz unverzichtbar. Was für uns heute ganz selbstverständlich im Küchenschrank steht, war damals ein kostbares Gut. Und es fällt auf, wenn zu wenig Salz im Essen ist, wenn sprichwörtlich „das Salz in der Suppe fehlt".

Aber auch jenseits des Essens ist Salz von Bedeutung – gerade wenn im Winter die Straßen zugefroren sind. Die winzig kleinen Salzkörnchen haben also ganz schön viel Kraft in sich.

Als zweites Bild vergleicht Jesus uns mit dem Licht und auch ohne Licht sind wir kaum lebensfähig. Es lässt uns und die Natur wachsen. Es leuchtet uns in der dunklen Jahreszeit die Wege aus und im Sommer wärmt uns die Sonne. Und auch das künstliche Licht ist aus unserem Alltag nicht mehr wegzudenken.

So, wie auch wir nicht mehr wegzudenken sind. Und das möchte Jesus uns mit dem Bild vom Salz und Licht sagen: Du bist wichtig, auf dich kommt es an.

(Text: Isabelle Molz / Zeichnung: Maren Trümper)

!
?
ZUSAGE!
DU BIST WICHTIG! AUF DICH KOMMT ES AN!
2 KG

Die Erfüllung des Gesetzes

6. SONNTAG IM JAHRESKREIS • MT 5,17–37

Das gängige Klischee, das sogenannte „Alte Testament" sei brutal, veraltet und vom „Neuen Testament" überholt, existiert zum Glück nur noch in ganz wenigen Köpfen.

Jesus sagt heute ganz deutlich: „Denkt nicht, ich sei gekommen, um das Gesetz und die Propheten aufzuheben! Ich bin nicht gekommen, um aufzuheben, sondern um zu erfüllen." Es geht ihm also keineswegs bloß um die Ehrenrettung der überlieferten Texte. Er bezeichnet sich sogar als deren Erfüllung. Ich würde sagen: als das gelebte Gesetz. Und vielleicht ist das der entscheidende Unterschied, wie man mit allen biblischen Texten umgehen sollte: Man sollte sie weniger als einengende Formalia rezitieren, sondern sie mit Leben erfüllen.

Der Münsteraner Theologe Erich Zenger hat sich überzeugend dafür eingesetzt, die jüdische Bibel als einen unverzichtbaren Teil der christlichen Bibel zu lesen. Mehr noch: Mit der Rede vom „Ersten Testament" macht er deutlich, dass die Texte des Neuen Testaments ohne die jüdische Bibel gar nicht in Gänze verstehbar wären.

Das Anliegen Jesu scheint vielmehr, die Dynamik der Texte wieder freizulegen und sie nicht auf einen Forderungskatalog oder Gesetzestext zu reduzieren, mit dem man – das ist vielleicht das Entscheidende – andere Menschen erniedrigen kann. Und das ist keine Eigenart der jüdischen Texte. Es scheint vielmehr die Eigenart der Menschen zu sein, sich Texte selbstgefällig zu eigen zu machen. Eben zum eigenen Nutzen und auf Kosten anderer.

Jesus – wie er selbst sagt – als Erfüllung des Gesetzes und der Propheten zu verstehen, bedeutet sein Leben zu lesen: Sein Eintreten für Benachteiligte, gegen Ungerechtigkeit – und das alles in und aus Liebe. Sein Leben war gelebte Liebe und so kann – im Sinne einer Kurzformel – Liebe als Kriterium und eben auch als Erfüllung des Gesetzes gelten.

Es widerspräche also der Intention Jesu aufs Tiefste, wenn sich die christliche Kirche als das „wahre" Israel verstünde. Die „Erfüllung" des Gesetzes liegt ganz bestimmt nicht in der Vereinnahmung fremder Texte und schon gar nicht in einer Behauptung! Jesus sagt: „Wenn eure Gerechtigkeit nicht weit größer ist als die der Schriftgelehrten und der Pharisäer, werdet ihr nicht in das Himmelreich kommen."

Die Texte der Bibel sind keine To-do-Listen, die formal abgearbeitet werden wollen. Nein, sie wollen zu einem Leben anstiften, das für alle Erfüllung bringt – genau so, wie Jesus die Gesetze in seiner unbedingten Liebe erfüllt hat.

ERFÜLLUNG DES
GESETZES
MT 5,17-37
VS.
AT
NT
ERICH ZENGER
VS.
LEBE!

Aug um Auge, Zahn um Zahn – Die Bergpredigt

7. SONNTAG IM JAHRESKREIS • MT 5,38–48

Aug um Auge, Zahn um Zahn – dieser Satz aus der Tora war seinerzeit ein echter Fortschritt. Diese Norm berechtigte den, dem ein Auge oder ein Zahn ausgeschlagen wurde, dies zur Vergeltung auch beim Täter zu tun. Gleiches mit Gleichem vergelten stellte also eine Gleichwertigkeit von Täter und Opfer her. Tatsächlich wurde sie wohl so im Judentum nie umgesetzt, sondern es waren finanzielle Ausgleichszahlungen die Regel.

Diese Worte reden vom rechten Maßhalten. Gewalt soll nicht in einer katastrophalen Dauer-Spirale eskalieren. Ungestraft aber sollen ungerechte Taten auch nicht bleiben.

Jesus überschreitet nun diese Auffassung sogar in doppelter Hinsicht: Sie sei nicht nur veraltet („Ihr habt gehört, dass die Alten gesagt haben: Auge um Auge, Zahn um Zahn"), sondern er stellt sogar einen diametralen Gegensatz auf: „ Ich aber sage euch: ... Wenn dich einer auf die rechte Wange schlägt, dann halte ihm auch die andere hin."

Jesus hebt damit die Tora nicht auf, sondern fordert jeglichen Verzicht auf zustehende Schadenersatz-Rechte. Und darüber hinaus noch, großzügig zu sein: Hemd weggenommen – gib noch den Mantel dazu; zum Mitgehen gezwungen – geh noch ein Stück weiter mit; Schlag auf die linke Wange – halt noch die rechte hin!

Aber was soll das, was Jesus hier verlangt? Was sollte mich veranlassen, einem, der mich auf die rechte Wange schlägt, auch noch die linke hinzuhalten?

Plausibel scheint das nicht. Und wohin diese Strategie geführt hat, kann man in der Passionsgeschichte nachlesen. Warum also sollte man so etwas tun?

Das Christentum ist fordernd: Bist du eifersüchtig oder wirst benachteiligt, sollst du nicht einmal an Rache denken. Wird dir etwas angetan, sollst du noch deine Feinde lieben. Bist du mit dem Tod konfrontiert, wird von Auferstehung geredet. Man kann die Bergpredigt durchaus als stetig hochgehaltenen Spiegel der eigenen Unzulänglichkeit verstehen.

Aber vielleicht geht es in der Bergpredigt gar nicht um Forderungen, die Gott an die Menschen stellt. Sie nennt die Schwächen der alten Maßstäbe beim Namen und zeigt Alternativen auf.

Überall, wo Menschen handeln, handeln sie ungerecht, missbrauchen andere Menschen, irren sie sich, machen Fehler, scheitern. Und manche tun auch gezielt Böses und machen dabei andere zu Opfern. Was für ein krasser Anspruch, dann die Feinde auch noch lieben zu sollen! Wer kann das schon?

Ein Exerzitienbegleiter hat mir mal gesagt, wenn ich nicht verzeihen und lieben kann, dann muss ich mich für meine Unzulänglichkeit nicht auch noch schlecht fühlen. Ich kann auch darum bitten, dass Gott das mit dem Lieben dieses Menschen für mich übernimmt.

Liebe also deine Feinde, indem du darauf verzichtest Gleiches mit Gleichem zu vergelten.

Dann noch die andere Wange hinzuhalten, ist für Fortgeschrittene.

Christentum ist und bleibt fordernd und manchmal auch eine Überforderung.

Versuchung Jesu

1. FASTENSONNTAG • MT 4,1–11

Drei Versuchungen widerfahren Jesus in der Wüste. Jede davon hat es in sich. Und jede ist heute so aktuell wie damals.

Jesus ist vierzig Tage in der Wüste und bereitet sich auf seinen Dienst vor. Gerade hat er eine ganz intensive Gotteserfahrung gemacht. Gott sprach zu ihm: „Du bist mein geliebter Sohn, an dem ich Wohlgefallen habe." So viel Liebe und Wertschätzung kann einem schon zu Kopf steigen. Er betet intensiv, ist Gott nahe und fastet vierzig Tage. Und in diese sensible Zeit bricht der Teufel ein.

Die erste Versuchung ist, aus Steinen Brot werden zu lassen, d.h., unsere Bedürfnisse mit Essen und Trinken zu erfüllen. Diese Versuchung ist wahrscheinlich keinem von uns ganz fremd. Wir essen, um unseren Ärger und unsere Enttäuschung nicht zu spüren, aus Langeweile oder um den Mangel an Liebe auszugleichen. Und doch bleibt da erfahrungsgemäß der Hunger nach dem Mehr im Leben, nach Bestätigung, nach Sinn, nach Bedeutung.

Viele Menschen arbeiten weit über die eigenen Kräfte aus Hunger nach Lob und Anerkennung. Doch selbst eine Beförderung wirkt oft nur wie Fastfood und das Hamsterrad dreht sich weiter.

Auch Jesus hat nach 40 Tagen Hunger und der Teufel bietet ihm an: Mach es selbst, lass aus den Steinen Brot werden, nimm dein Leben selbst in die Hand.

Aber Jesus klärt auf: Der Mensch lebt nicht vom Brot allein, sondern von Gott. Bedingungslose Anerkennung und echte Liebe, nach der wir so hungern, ist bei Gott zu finden.

Wir beten im Vaterunser: „unser täglich Brot gib uns heute". Wie Manna in der Wüste lässt Gott dieses unbedingt Angenommen-Sein auf uns regnen, wir müssen in keinem Supermarkt dafür Schlange oder selbst in der Backstube stehen. Gottes Liebe ist Geschenk, vor aller Leistung.

Die zweite Versuchung ist, sich vom Tempel zu stürzen und Gott auf die Probe zu stellen. Im Hintergrund steht die Frage nach Geltung und Ansehen. Es ist die Gefahr, sich selbst zu inszenieren, um bei anderen gut anzukommen. Auch im religiösen Bereich gibt es diese Überheblichkeit, die sich mit bestimmter Frömmigkeit, Gebetseifer o.Ä. über andere erhebt und dabei auch Gott für die eigenen Zwecke missbraucht. Für den eigenen Erfolg und die eigenen Ziele wird Gott bemüht, damit sie erreicht werden. Wir wollen Gottes O.K. für unsere jeweiligen Pläne. Aber Jesus kontert diese Versuchung mit dem Satz: Du sollst deinen Gott nicht auf die Probe stellen.

Die dritte Versuchung schließlich betrifft Macht und Besitz.

Der Teufel verspricht Jesus alle Reiche dieser Welt, wenn er sich vor ihm niederwirft und ihn anbetet. Auch diese Verführung kennen wir. Wie schnell sind Menschen bereit, ihre Seele zu verkaufen, wenn es um Macht und Reichtum geht. Insbesondere auch in der Kirche ist es das Topthema. Oft werden wir in den Sog von Machtstrukturen hineingezogen, ohne es selbst zu bemerken. Wir wollen selbst groß sein, statt Gott groß sein zu lassen.

Macht und Reichtum sind aber gar nicht Jesu Sache, und so verweist er eben genau auf die Anbetung Gottes.

Unser Leben ist von Versuchungen geprägt, denen es immer wieder zu widerstehen gilt.

Deshalb beten wir im Vaterunser: „führe uns nicht in Versuchung“ oder besser „führe uns in der Versuchung“, damit wir sie bestehen.

Verklärung Jesu

2. FASTENSONNTAG • MT 17,1–9

Es gibt die Momente, da ist einem alles klar! Und gleichzeitig sind es immer nur Momente, Augenblicke. Man kann sie nicht festhalten.

Die Szene des heutigen Evangeliums spielt auf einem hohen Berg. Per se schon ein geeigneter Ort, um dem Himmel nahe zu sein. Ein Ort, an dem sich Gott schon häufig gezeigt hatte. Diesmal aber ist es Jesus, der plötzlich wie in einem anderen Licht erscheint, wie verwandelt. Und dann noch eine Stimme aus einer lichten Wolke, dem Symbol für Gottes unmittelbares Dasein: Du bist mein geliebter Sohn!

Den Jüngern fällt es wie Schuppen von den Augen. Das, was sie eigentlich die ganze Zeit schon gespürt hatten seitdem sie mit Jesus unterwegs waren – ja überhaupt: warum sie alles haben stehen und liegen lassen –, das wird ihnen plötzlich so klar wie Kloßbrühe: Hier ist nicht nur ein ganz besonderer Mensch, von dem eine unbegreifliche Kraft ausgeht, die zu Boden gedrückte Menschen in Hoffnungsträger verwandelt. Hier zeigt sich nicht weniger als Gottes Wesen – als Mensch! Gott, der mit Mose und seinem Volk Israel den unverbrüchlichen Bund geschlossen hatte. Gott, mit dem man ringen kann, so wie Elija mit ihm gerungen hatte. Bei so viel und so intensiver Gottespräsenz können die Jünger nicht anders, als sich zu Boden werfen.

Aber es wird noch besser, denn es heißt: „Da trat Jesus zu ihnen, fasste sie an und sagte: Steht auf und fürchtet euch nicht!“ Gottes Nähe, seine liebende Präsenz ist nicht nur umwerfend stark, sondern gleichzeitig auch unglaublich aufbauend. Und das erleben die Jünger in dieser Szene unmittelbar.

Doch im nächsten Augenblick ist plötzlich alles wieder „normal“ – auch wenn die Herzen der Jünger vermutlich immer noch sehr stark erfüllt waren von dem intensiven Erlebnis. Was geschehen war, übertraf ihre kühnsten Erwartungen. Und es passte so gar nicht in ihr Weltbild. Wie albern erscheint da die pragmatische Reaktion von Petrus, drei Hütten zu bauen: für Jesus, Mose und Elija. Als könnte man das Momentum festhalten.

Die anschließende Bitte Jesu, über das Erlebte zu schweigen, unterstreicht die Unmöglichkeit und auch Unsinnigkeit, einen einmal erlebten Status fixieren zu wollen. Das Erlebte wird sich nie in aller Gänze dingfest machen lassen. Was die Verklärung Jesu hier auf dem Berg noch bedeuten kann, also dass Gott sich selbst in einem Menschen als Liebe zeigt, wird erst in dem noch ausstehenden Ereignis von Tod und Auferweckung erahnbar.

Alle Worte, auch diese hier, bleiben immer nur ein Tasten und Annähern. Gottes Selbstoffenbarung dagegen war Geschehen und der vermittelte Inhalt kein bloßer Text, sondern eben seine unbedingt entschiedene Liebe für die Menschen. Und diese Liebe ereignet sich, wo Menschen füreinander einstehen.

DU BIST MEIN GELIEBTER SOHN
DIE VERKLÄRUNG JESU
MT 17,1-9
UMWERFEND
UND
AUFBAUEND
PLOPP
BLA
BLA
BLA
V.S.

Die Frau am Jakobsbrunnen

3. FASTENSONNTAG • JOH 4,5–15.19–42

Heute geht es um die Begegnung Jesu mit einer Frau. Einer – wie so oft – namenlosen Frau. Dennoch ist es eine der wichtigsten Geschichten im Johannesevangelium. Darauf deutet nicht nur die Länge des Dialogs hin, es ist der längste im NT überhaupt, sondern sie legt genau wie Petrus – ein Mann mit Namen – ein Messiasbekenntnis ab. Jesus spricht mit ihr „auf Augenhöhe", obwohl sie a) eine Frau ist, b) eine fremde Samariterin und c) eine Ehebrecherin. Falsches Geschlecht, falsche Herkunft, falsche Lebensweise.

Für die Israeliten war Samaria ein unreines Land und die Menschen ein unreines, weil götzendienerisches Volk. Der Umgang miteinander beschränkte sich üblicherweise aufs Notwendigste und viele zogen eben nicht durch Samarien, sondern in einem Umweg drumherum. Insofern ist diese Szene schon deshalb mit Aufmerksamkeit zu versehen, weil eigentlich gesellschaftlich schlicht nicht denkbar und völlig ausgeschlossen.

Die Frau musste also quasi aus allen Wolken fallen, als sie der fremde Mann um Wasser bittet. Er bricht damit nicht nur das gesellschaftliche Männer-Frauen-Tabu, sondern setzt sich auch über die kulturelle Nicht-Umgangs-Grenze hinweg. Und dann bittet paradoxerweise er noch um Wasser, obwohl er ja im wahrsten Sinn des Wortes an der Quelle sitzt. Sie muss also schwer irritiert gewesen sein.

Sie weist zwar seine Bitte zunächst zurück, sie kommen aber dennoch in Kontakt und ins Gespräch. Auch wenn es verwirrend bleibt: Der, der sie gerade um Wasser gebeten hat, bietet ihr nun seinerseits „lebendiges", sprich frisches Quellwasser aus einem geschlossenen Brunnen an?

Es ist schon fast lustig, wie die beiden nun scheinbar komplett aneinander vorbeireden. Sie ganz pragmatisch, er irgendwie höchst rätselhaft. Aber gerade diese unverständlichen Worte machen sie offenbar neugierig. Was meint er mit dem, was er da sagt? Und dann dieser Satz: „Wenn du wüsstest, wer ich bin …" Aber sie kann ja nicht wissen, denn sie kennt ihn nicht.

Im Laufe des Gesprächs aber beginnt sie zu ahnen, dass sie es mit jemand wirklich Besonderem zu tun hat, und beginnt zu verstehen, was er ihr da anbietet: den Schlüssel zum Glück quasi. Diese Begegnung wird für sie zum Schlüsselmoment ihres Lebens.

Von da an sprudelt es aus ihr wie aus einer Quelle heraus und sie überzeugt viele weitere Menschen: „Kommt und seht …" Und die Menschen kamen und sahen.

So ist aus der namenlosen, fremden Frau mit falscher Lebensweise eine Botschafterin für die heilvolle und lebendigmachende Botschaft Jesu geworden.

Was für eine hoffnungsvolle Geschichte für alle, die heute wegen ihres Geschlechts, ihrer Herkunft oder ihrer Lebensweise diskriminiert oder mindestens marginalisiert sind.

N.N.
– JOH 4,5-15,19-42 –
→ LÄNGSTER DIALOG!!
MESSIAS!!
Problem 1:
♂ ≠ ♀
UMGANGSTABU
Problem 2:
SAMARIEN („UNREIN")
Problem 3:
EHEBRECHERIN (SÜNDE)
GIB MIR ZU TRINKEN!
ICH GEBE DIR LEBENDIGES WASSER!!
?!
WENN DU WÜSSTEST, WER ICH BIN …
?!
!!
KOMMT! SEHT!
?!
??

Heilung des Blinden

4. FASTENSONNTAG • JOH 9,1–41

Es geht um die Heilung des Blinden. Aber die ersten Zeilen machen klar, worum es irgendwie auch geht: Um das Thema Sünde und die damaligen Vorstellungen, dass körperliche Beeinträchtigungen damals als Folge von Sünde galten. Was mir heute in Zeiten von Corona einfällt [gemeint ist der Beginn der Pandemie]: Wer jetzt mit Mundschutz herumläuft, macht sich verdächtig, setzt sich aus. Ist die Person infiziert? Da mache ich lieber einen Bogen.

Damals war es nun mal das Erklärungsmuster, dass eine Krankheit eigentlich nur von Gott geschickt sein könne. Und interessant ist, dass Jesus im Evangelium einen Perspektivwechsel vornimmt und das Ganze komplett umdeutet und sagt: „Ne, Leute, hier geht es gar nicht darum zu zeigen, dass jemand gesündigt hat oder dass er selbst schuld sei an seiner Krankheit. Sondern umgekehrt: Obwohl dieser Mensch krank ist, kann hier Gottes Herrlichkeit sichtbar werden!"

Ganz interessant ist der Aufbau der Textstelle, die die 180-Grad-Wendung in der Auslegung untermauert: Zu Beginn ist die Rede von der Beeinträchtigung und der Blinde erscheint als Sünder. Doch am Ende heißt es, dass eigentlich die, die sehen können, die Sünder seien. Und das macht der Autor des Textes ganz geschickt, indem er in sogenannten „konzentrisch" aufbauenden Sätzen von außen nach innen beziehungsweise von innen nach außen ein Schema skizziert, bei dem sich zwar die Textteile strukturell-symmetrisch entsprechen, es inhaltlich aber zu der wunderbaren Umdeutung kommt.

Durch dieses Wunder der Heilung soll deutlich werden, dass sich hier an dem Blinden Gottes Wille ereignet: Dass dieser Gott *alle* Menschen liebt, dass alle im doppelten Sinne (diesen Willen) sehen können. Und es bedeutet auch, dass niemand stigmatisiert und auf eventuelle Defizite reduziert werden darf. Positiv ausgedrückt: Gott möchte, dass Menschen wachsen können, dass sie selber Licht entdecken und vielleicht auch für andere zu so einem Licht werden können.

Klar, die Leute sind aufgrund des Wunders natürlich ziemlich „verwundert", was da passiert ist, und wollen Klarheit haben. Sie fragen die Pharisäer und diese deuten die Zeichen anders. Sie sagen: „Also, wer so etwas macht, der kann ja nicht von Gott sein!" In den Augen des Autors wird hier wieder etwas verdunkelt, nämlich Gottes Heils-Wille: Den Pharisäern geht es eher darum, ihr eigenes Weltbild (auf Kosten anderer und ihres Unheils) zu erhalten.

Und dann ist es noch zusätzlich interessant, dass die Eltern des Blinden gefragt werden, ob dieser denn tatsächlich ihr Sohn sei. Diese wiederum erwidern erstaunlicherweise, dass man ihn doch selbst fragen solle. Schließlich ist er doch alt genug, um zu antworten. Sie sprechen ihm also Autonomie zu, Selbstbestimmung. Somit das Gegenteil von dem, was der Blinde zuvor tagtäglich erfahren musste: Stigmatisierung von außen, Zuschreibungen als Sünder, die ihn kleinhalten sollten. Bei der sogenannten „Wunderheilung“ von Jesus passiert genau das Gegenteil: Der Mensch wird zum aktiven Subjekt, zum Handelnden.

Als die Pharisäer dann noch einmal nachfragen, versuchen sie erneut, den ehemals Blinden zu deklassieren und auch Jesus als Sünder darzustellen – weil er eben nicht in ihren Rahmen und in ihre Weltsicht hineinpasst. Johannes wendet hier jetzt wieder die Symbolik von Sehen, von Licht und von Verblendet-Sein an und es wird deutlich, dass es die Pharisäer selbst sind, die nicht sehen können und wollen. Sie sind mit Blindheit geschlagen – anders als der ehemals Blinde, der nun in Jesus den Herrn erkennt.

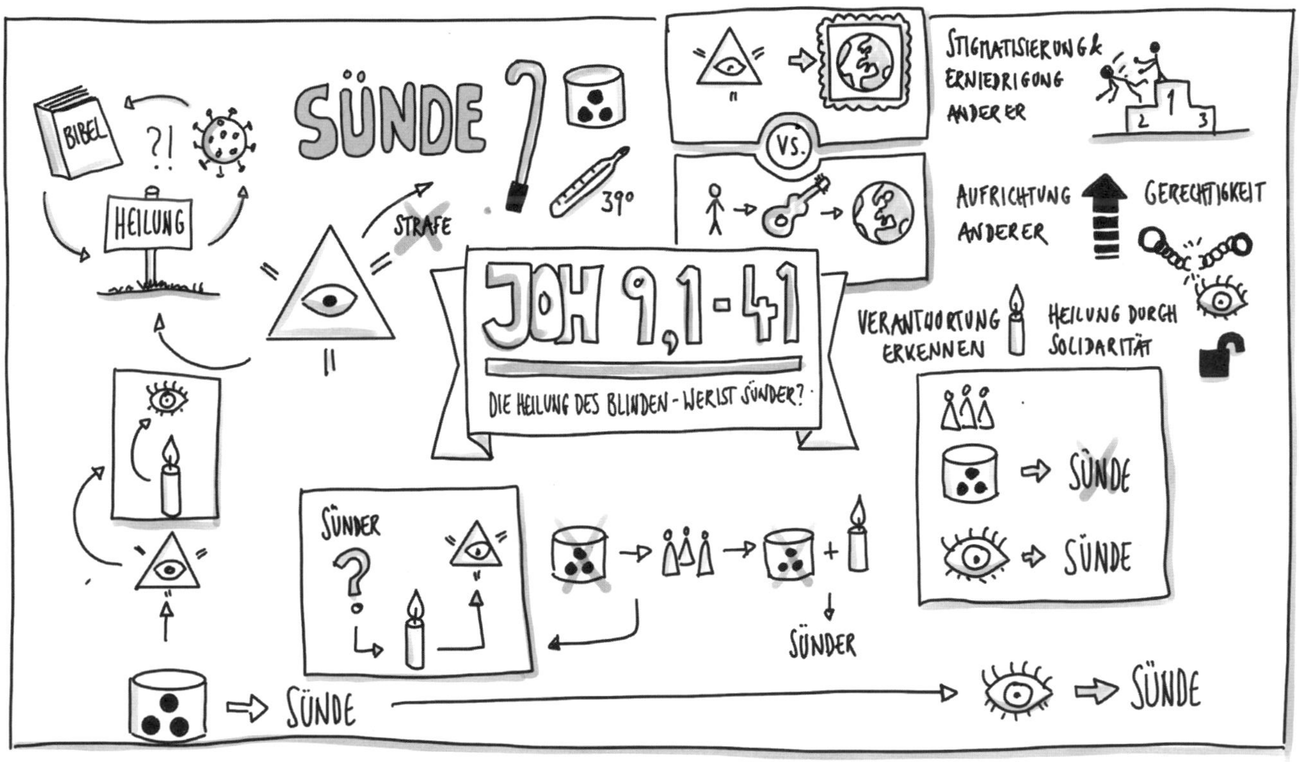

Die Auferweckung des Lazarus

5. FASTENSONNTAG • JOH 11,1–45

Die meisten kennen die Geschichte von Lazarus wahrscheinlich noch sehr anschaulich erzählt aus Kinderzeiten: Jesus ruft den bereits vier Tage toten Lazarus aus seiner Gruft heraus und man stellt sich vor, dieser würde einem als Mumie oder Zombie entgegenkommen. Aber dann lebt er tatsächlich und alle sind völlig außer sich!

Das Erste, was mir zu diesem Evangelium einfiel, war der Spruch: „Totgesagte leben länger". Tatsächlich geht dieser Spruch auf den heutigen Evangeliumstext zurück und interessant finde ich, dass es hier mal wieder um eine Zuschreibung von außen geht: Dass Menschen, die krank oder sogar aussätzig waren, eigentlich für tot erklärt wurden.

Ich finde, aus dieser Perspektive bekommt das Evangelium nochmal einen ganz anderen Klang: Jesus ruft Totgesagte wieder ins Leben zurück, indem er sie auf ihre Würde hin anspricht.

Was bedeutet also hier „Auferweckung"? Im Mittelalter sind die Menschen vor allem von den Worten „bindet ihn los" fasziniert, was die Szene in den Kontext von Vergebung und Absolution rückte. In der Neuzeit wiederum hat man sich angesichts der jungen naturwissenschaftlichen Erkenntnisse dagegen an der Frage zerrieben, ob es sich hier wirklich um eine leibhaftige Auferweckung handeln kann. Exegetisch wiederum markiert die Geschichte des Lazarus bereits einen Verweis auf die bevorstehende Passion Jesu.

Philosophiegeschichtlich stolpert man über Kierkegaards Schrift „Krankheit zum Tode". Kierkegaard stellt darin fest, dass der Mensch unter seiner bleibenden Nicht-Identität leidet – weil er ein anderer oder eben nicht ein anderer sein will. Kierkegaard nennt das „Verzweiflung". Menschen versuchen angesichts dieser Spannung verzweifelt, sich ein eigenes Weltbild zu zimmern. Eine Krankheit, die zum Tode führt.

Diese selbst diagnostizierte Spannung zwischen Identität und Nicht-Identität ist für Kierkegaard in der Beziehung zu Gott zwar nicht aufgehoben, aber in ein anderes Licht gesetzt: In der Beziehung zu Gott kann und darf ich mich als derjenige akzeptieren, der ich bin oder eben gerade auch nicht bin. Ich muss keine Angst haben als „totgesagt" zu gelten. Vor Gott bin ich, „wer ich sein könnte"! Im Glauben an Gott entstünde der Mut und die Kraft, die niemals ganz identische Identität zu leben und auszuhalten. Wer weiß, was noch alles in uns steckt?!

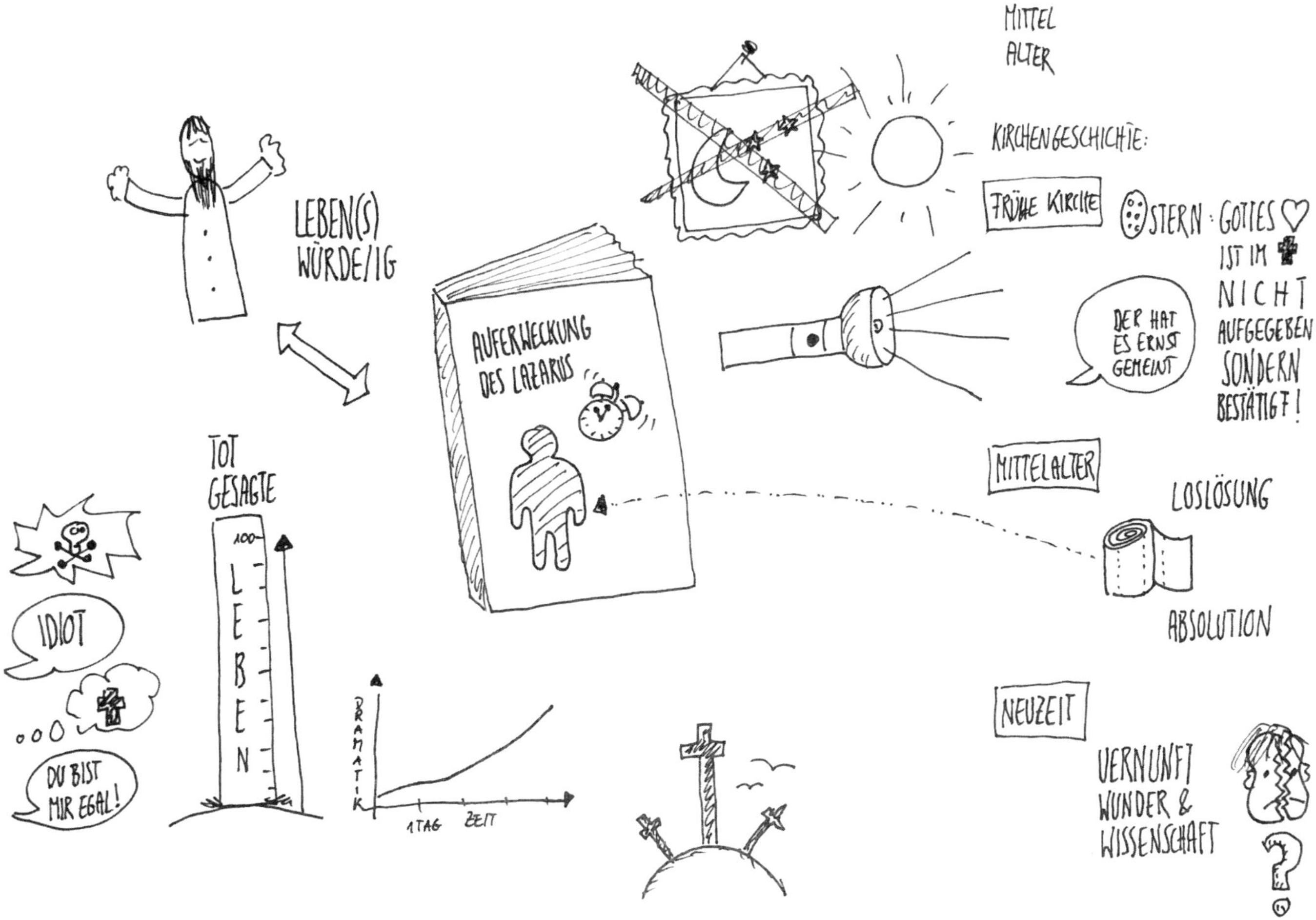
LEBEN(S)
WÜRDE/IG
AUFERWECKUNG
DES LAZARUS
TOT
GESAGTE
100
LEBEN
IDIOT
DU BIST
MIR EGAL!
DRAMATIK
1 TAG
ZEIT
MITTEL
ALTER
KIRCHENGESCHICHTE:
FRÜHE KIRCHE
OSTERN: GOTTES
IST IM
NICHT
AUFGEGEBEN
SONDERN
BESTÄTIGT!
DER HAT
ES ERNST
GEMEINT
MITTELALTER
LOSLÖSUNG
ABSOLUTION
NEUZEIT
VERNUNFT
WUNDER &
WISSENSCHAFT

Ein Einzug, der ein Auszug ist

PALMSONNTAG • MT 21,1–11

Es mag ein bisschen komisch klingen, aber mir fiel tatsächlich als Erstes die Geschichte „Die Hempels räumen auf“ zu diesem Evangelium ein. In der Geschichte geht es darum, dass die Familie Hempel einen Schokoladenkuchen backen möchte, dafür aber den Schneebesen nicht finden kann. Nach langem Aufräumen finden ihn schließlich die Kinder und tragen ihn „im Triumph“ (so heißt es) zu ihren Eltern. Schnell ist dann der Kuchen gebacken und verzehrt. Alles ist wieder gut.

Palmsonntag ist ganz klar mit dem Einzug Jesu in Jerusalem verbunden. Ein Triumphzug, der eigentlich kein richtiger Triumphzug ist, sondern eigentlich eher so eine Persiflage oder die Karikatur eines Triumphzuges. Vielleicht will der Evangelist hier bewusst eine Karikatur zeichnen, um deutlich zu machen, wie peinlich es doch ist, sich als Herrscher aufzuplustern – wie es Trump und andere tun.

In Kontrast zu einer solchen „Selbst-Darstellung“ erschließt sich mir der Begriff „Selbst-Offenbarung“ noch einmal anders: Gott hat sich „als er selbst“ in Jesus gezeigt, in seinem Eintreten für die Menschen. Und im Tod Jesu wurde die Ernsthaftigkeit dieser Liebe deutlich – also dass Jesus nicht davor zurückschreckte, auch angesichts der Morddrohung diese Liebe weiter zu leben. Und in der Auferweckung erwies sich Gott als derjenige, der seine Liebe über den Tod hinaus als bleibend gültig bestätigt hat.

Man kann also sagen, dass in Jesu Leben, Tod und Auferweckung das Wesen Gottes tatsächlich offenbar wird! Ganz anders ist es bei Selbst-Darstellern, die sich auf ein Podest stellen, sich inszenieren. Bei Gott ist es genau umgekehrt: Er spielt nichts vor, er hält sich nicht zurück, sondern er macht sich greifbar.

Jesu Einzug gleicht also eher einem Auszug, einem Exodus voller Gefahren, einem Einlassen Gottes auf die Menschheit. Gott zieht aus seiner Selbstherrlichkeit aus und begibt sich in die tödliche Welt. Und dieser Auszug führt ins Innerste des Wesens Gottes.

Jesu Einzug in Jerusalem erscheint tatsächlich als eine Karikatur machtbesessenen Herrschaftsdenkens und hybrider Selbst-Inszenierung mit Zepter und Schwert. Apropos: Der Schneebesen bei Familie Hempel ist ebenfalls kein Zepter. Er verweist nicht auf sich selber, sondern er kündigt im Grunde den Schokoladenkuchen an, der dann zügig gebacken und verzehrt wird.

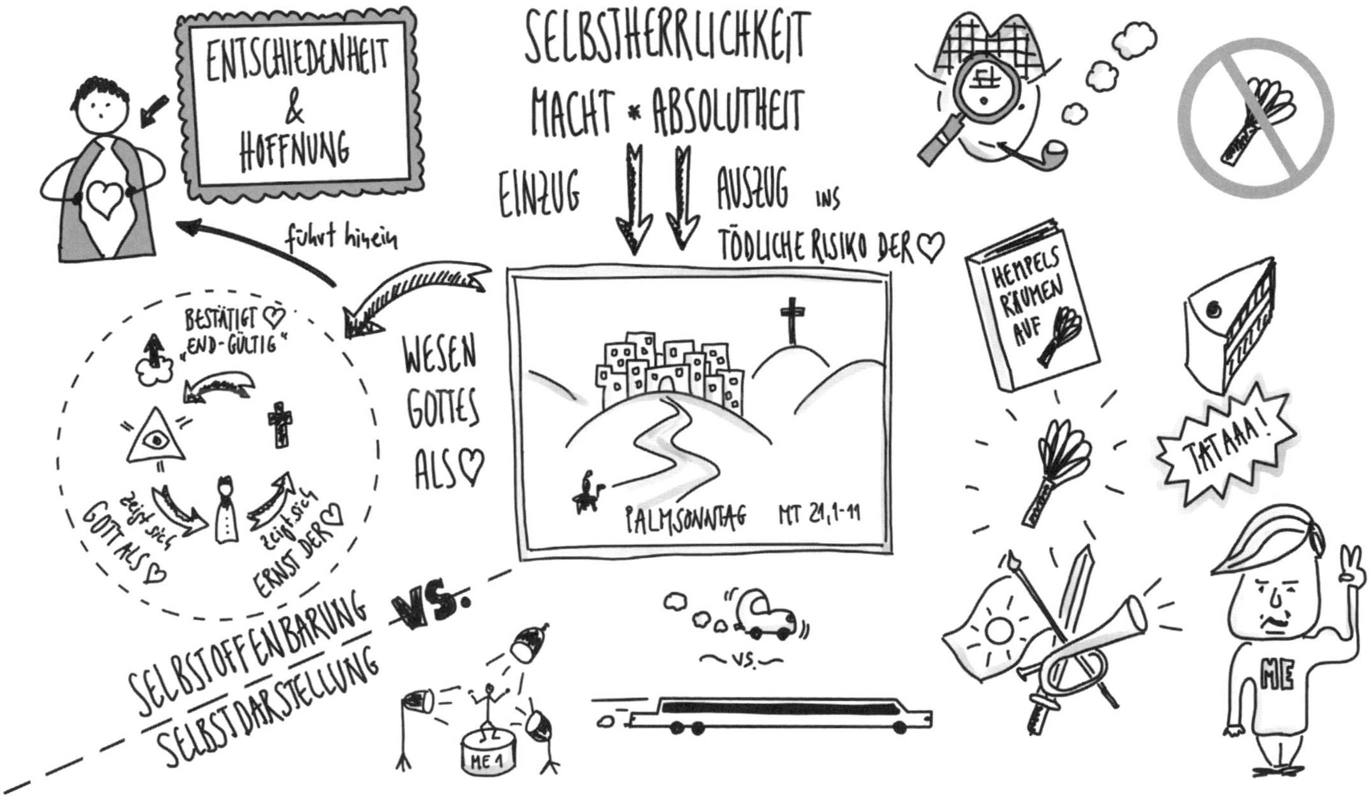
ENTSCHIEDENHEIT & HOFFNUNG
SELBSTHERRLICHKEIT
MACHT * ABSOLUTHEIT
EINZUG
AUSZUG INS TÖDLICHE RISIKO DER ♡
führt hinein
BESTÄTIGT ♡ „END-GÜLTIG"
zeigt sich GOTT ALS ♡
zeigt sich ERNST DER ♡
WESEN GOTTES ALS ♡
PALMSONNTAG MT 21,1-11
HEMPELS RÄUMEN AUF
TATAAA!
VS.
SELBSTOFFENBARUNG
SELBSTDARSTELLUNG
ME 1
VS.
ME

Dienen statt herrschen

GRÜNDONNERSTAG • EX 12,1–8.11–14 | 1 KOR 11,23–26 | JOH 13,1–15

Same, same, but different! Jedes Jahr feiern wir Ostern, auch dieses Jahr, auch wenn dieses Mal alles etwas anders ist. Normalerweise treffen wir uns zum Gottesdienst. Dieses Jahr geht das wegen Corona eben nur in dieser Form. Trotzdem feiern wir heute zusammen Gründonnerstag. Üblicherweise hören wir an diesem Tag drei Lesungen: die erste vom Pessachmahl der Israeliten beim Auszug aus Ägypten; die zweite handelt von Paulus' Brief an die Korinther, in dem er ihnen die Eucharistie nahebringt; und ie dritte ist das Johannesevangelium, in dem uns von Jesus und der Fußwaschung erzählt wird. Der Bogen spannt sich also vom Auszug aus Ägypten, der Rettungsgeschichte Israels schlechthin, über die Zeit, als Gott Mensch wurde, bis hin zu uns heute.

Es beginnt also alles, als die Isrealiten in Ägypten Sklavendienste verrichten mussten. Mose wird beauftragt, das Volk aus der Wüste herauszuführen, und er geht zum Pharao und bittet ihn: Lass mein Volk ziehen! Der Pharao antwortet aber: Nein. Auch die Reihe der Plagen können den Pharao nicht umstimmen. Kein Wasser, das zu Blut wird, keine Frösche, keine Mücken, Fliegen, Pestbeulen, Hagel, Heuschrecken oder Dunkelheit. Bis zu dieser letzten, alles entscheidenden Plage: dem Tod jeder Erstgeburt.

Als fromme Männer erinnern sich nun Jesus und seine Jünger immer wieder an diese Befreiungsgeschichte. Sie feiern zusammen das Paschamahl. Im Johannesevangelium wird uns nun berichtet, dass die Feier damit beginnt, dass Jesus seinen Jüngern die Füße wäscht. Das war im Orient durchaus ein üblicher Brauch, dass der Gastgeber die Gäste wusch. Es ist etwa so, wie wir uns heute ganz selbstverständlich vor dem Essen die Hände waschen. Er erklärt ihnen mit diesem Ritus, dass er nicht gekommen ist, um zu herrschen, sondern um zu dienen. Und er beauftragt die Jünger, es ihm nachzutun.

Paulus, der bei den Jüngern von Jesus gar nicht dabei war und ihn persönlich nicht kannte, berichtet nun wiederum den Korinthern, wie Jesus bei diesem letzten Abendmahl gehandelt hatte. Er trägt ihnen im Grunde damit auf, ein Erinnerungsmahl an dieses letzte Abendmahl Jesu zu feiern. Wenn sie also in Gemeinschaft zusammen sind, sollen sie es ebenso machen wie Jesus beim letzten Abendmahl.

Über zweitausend Jahre Christentum hinweg feiern auch wir heute immer noch diese Gedächtnisfeier, die Eucharistie. Wir erinnern uns also an das letzte Abendmahl, an dem sich Jesus daran erinnerte, wie Gott das Volk Israel aus der Knechtschaft befreite.

ÄGYPTEN
NÖ x 10
BLUT
FRÖSCHE
MÜCKEN
FLIEGEN
BEULEN
HAGEL
HEUSCHRECKEN
DUNKELHEIT
EXODUS
→ Ex 12,1-8.11-14
→ 1Kor 11,23-26
→ Joh 13,1-15
KORINTH
33n.chr
2022

Leer werden vor der Leere

OSTERN • JOH 20,1–9

„Hey, frohe Ostern". Es wirkt ein wenig komisch, sich in Zeiten von Corona „frohe Ostern" zu wünschen. Alles ist irgendwie anders: Man kommt nicht mit Freunden, mit der Familie und so weiter zusammen. Die Kirchen sind geschlossen. Die ganze Liturgie hat gefehlt. Und alles, was Ersatz war, hat sich wahrscheinlich nicht ganz so angefühlt wie „richtig" Ostern feiern. Und ja: Für manche von euch ist alles vielleicht sogar noch viel existenzieller: Wenn finanzielle Sorgen oder sogar die Sorge um Angehörige dazukommen.

Also, es ist schwierig, in diesen Zeiten „frohe Ostern" zu wünschen. Und gleichzeitig glaube ich, dass das heutige Evangelium eigentlich eine ganz ähnliche Situation schildert: Da ist Maria, die zum Grab geht. Sie wird in ihrer Enttäuschung eigentlich noch viel, viel mehr enttäuscht. Denn man muss sich vorstellen: Sie kommt zu diesem Grab und dann ist es sogar noch offen und leer!

Also das Letzte, woran sie sich halten will – wenigstens den Leichnam bzw. diesen Menschen zu sehen, der da begraben liegt –, noch nicht einmal das ist noch da! Maria steht also im wahrsten Sinne vor der absoluten Leere, vor dem absoluten Nichts. Es ist gar nichts mehr da, woran sie sich jetzt noch irgendwie festhalten könnte!

Und vielleicht liegt genau darin die Osterbotschaft: Das Gewöhnliche und Erwartbare wird durchkreuzt. Das, wovon wir ausgehen, das, was wir erwarten, tritt einfach nicht ein! Und genau an dieser Stelle kann man sich auch selber fragen: Was erwarte ich noch? Wie weit habe ich mich zufriedengegeben mit dem, was mich so umgibt, was ich noch erhoffe? Zufriedenheit – Friedhofsruhe?

Damals war es üblich, die Toten einzumauern – also eine klare Trennung zu ziehen zwischen Lebenden und Toten. Ich kann mich heute fragen: Auf welcher Seite bin ich denn? Bei den Lebenden oder bei den Toten? Es gibt so viele Möglichkeiten, sich im Leben einzumauern und sich einzurichten. Friedrich Nietzsche hat einmal gesagt: „Die Kirchen sind die Grabmäler Gottes." Diesmal sind die Kirchen tatsächlich verschlossen, aber zum Glück stehen wir diesmal draußen!

Es gibt viele Möglichkeiten Ostern, zu verpassen, weil man dem Leben nichts mehr zutraut, weil man nicht mehr hinausgeht und damit auch nichts mehr von einem selbst ausgeht. Und Maria begegnet in der absoluten Leere, in der absoluten Hoffnungslosigkeit Gott selbst. Anscheinend zeigt sich Gott heute zu Ostern – in Corona-Zeiten – noch einmal ganz neu: Nicht als der, den wir fassen und ergreifen können, sondern als der, der immer schon da ist und da sein wird. Gott lässt sich nicht einmauern und auch wir sollten uns nicht einmauern, sondern hinausgehen und die Botschaft von der Leere, in der Gott selber ist, verkünden.

Gott begegnet uns in der Leere, da wo wir eigentlich nichts mehr erwarten. Ich glaube, das ist auch das, was die großen Mystiker so fasziniert hat. Ähnlich hat es zumindest auch Lao-Tse gesagt:

„Das Eigentliche liegt in der Leere. Ich forme aus Ton ein Gefäß und in der Mitte ist die Leere. Darin liegt die Nützlichkeit. Oder ich baue eine Wohnung mit Fenstern und Türen. Aber der Innenraum ist das Eigentliche. Da, wo nichts ist.“ Der Blick auf diese Leere, auf dieses Nichts, macht mich zwar wesentlich nachdenklicher, aber irgendwie fällt es mir jetzt leichter, euch „frohe Ostern“ zu wünschen!

Den Finger in die Wunde legen

2. SONNTAG DER OSTERZEIT • JOH 20,19–31

Mir ist das Sprichwort „Den Finger in die Wunde legen" spontan zum heutigen Evangelium eingefallen. Hier erscheint Jesus den eingemauerten Jünger*innen. Thomas ist nicht dabei. Und als diese ihm von der Begegnung erzählen, kann und will Thomas das natürlich nicht glauben und zweifelt es an. Als er dann aber eine Woche später Jesus selbst erlebt, kommt es zum Dialog zwischen den beiden: „Thomas, du hast gesagt, du würdest erst glauben, wenn du deine Finger in meine Seite legst, in meine Wundmale. Bitte, tu es doch!" Und Thomas schreckt zurück und sagt: „Nein, ich erkenne dich, alles klar!"

Die Finger in die Wunde zu legen ist zwar nicht so schlimm, wie Salz in eine Wunde zu streuen. Aber irgendwie es doch ziemlich schmerzhaft. Es ist so wie „nachbohren".

Das Evangelium besteht mindestens aus zwei Botschaften. Die eine Botschaft ist die plastische mit dem Finger und der Wunde. Und weil sie so bildhaft ist, spricht sie uns vermutlich auch direkt an. Mein Fokus, den ich heute aber etwas mehr beleuchten möchte, dreht sich eher um den Wunderglauben und die Kritik daran. Brauche ich „Beweise"? Und wenn ich mich von Äußerlichkeiten abhängig mache, dann lasse ich mich vielleicht im Inneren gar nicht mehr berühren … Erstaunlich finde ich, dass Jesus hier Thomas gar keinen Vorwurf macht, sondern im Gegenteil: Er bietet sich sogar an. Er lässt sich im Innersten berühren und sagt: „Komm, mach das, was du brauchst." Und daraufhin braucht es gar nichts mehr, weil Thomas allein von dieser Geste innerlich berührt wird. Die Frage ist: Wer berührt hier eigentlich wen?

In diesem Beispiel wird sichtbar, dass „glauben" ja in erster Linie nicht heißt, *an* etwas zu glauben, sondern *jemandem* zu glauben und sich auf ihn einzulassen. Dieses Vertrauen bringt Jesus Thomas gegenüber auf und dieser weiß sich uneingeschränkt angenommen. Und so kann auch Thomas gegenüber Jesus ein solches Vertrauen aufbringen. Er braucht gar nicht mehr das äußerliche Wunder und die Wundmale.

Aber der erste Teil des Evangeliums enthält eine weitere Botschaft. Jesus kommt zu seinen Jünger*innen. Die sind voller Angst, Furcht und Schrecken. Und das Erste, was er sagt, ist: „Der Friede sei mit euch!" Das heißt: Die Jünger*innen brauchen nicht länger ängstlich zu sein. Sie brauchen sich nicht länger einmauern! Gottes Wort ist primär Indikativ und nicht Imperativ. Nicht: „Du sollst das und das machen und jetzt mauert euch nicht länger ein und geht hinaus!", sondern: „Friede sei mit euch! Ihr seid befreit!"

Das Entscheidende ist für mich das *Geschehen* der Botschaft: dass hier Menschen konkret Mut zugesprochen wird. Das ist ein wirklich befreiendes Erlebnis! Mit dieser Freiheit sollen sie andere Menschen berühren – im Innersten. Es befreit davon, Schlechtes aufzurechnen und immer den Finger in die Wunde zu legen. Die Osterbotschaft lädt dazu ein, das Innerste nach außen zu kehren und mein Zutrauen ermutigend in andere setzen.

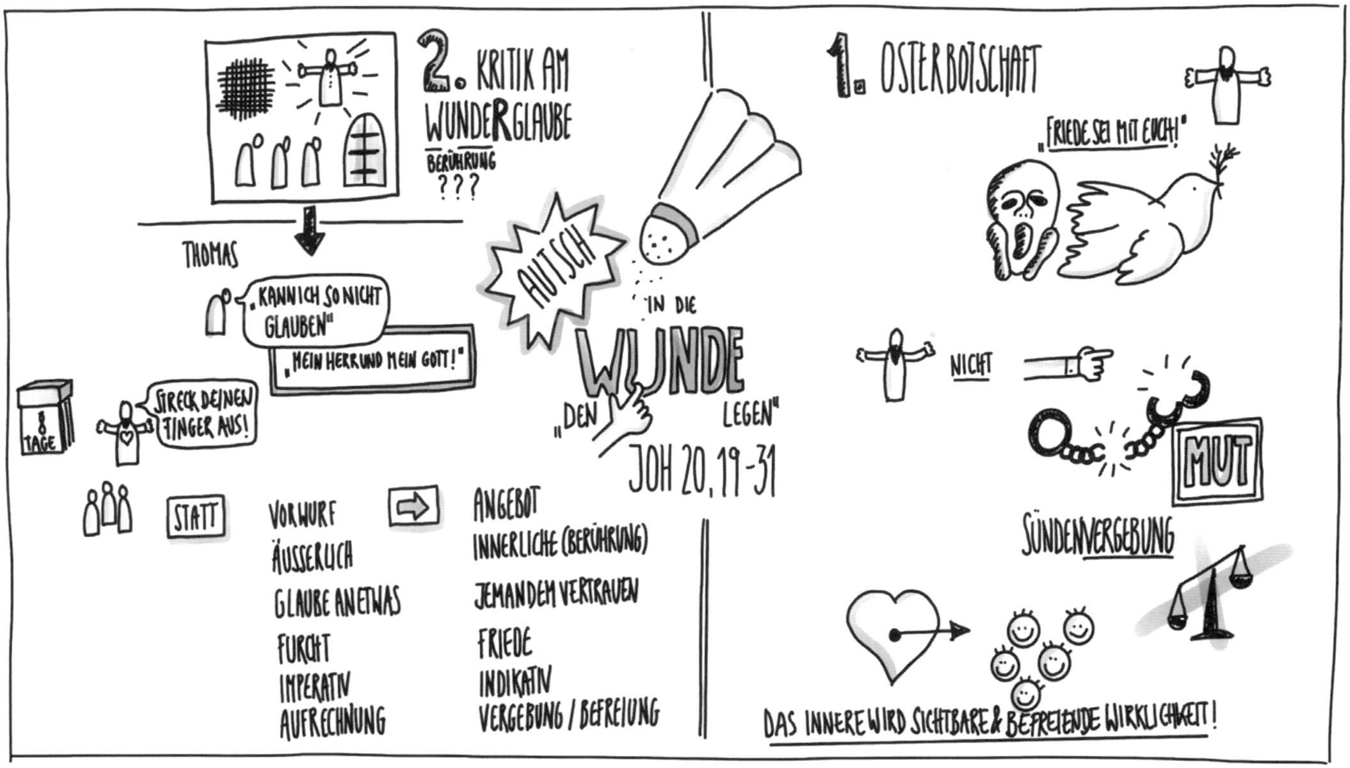

Jesus am See von Tiberias

3. SONNTAG DER OSTERZEIT • JOH 21,1–14

Es scheint schwierig zu sein mit diesem Auferstandenen. Zum wiederholten Mal begegnet er im heutigen Johannesevangelium den Jüngern. Dieses Mal beim Fischen am See von Tiberias. Und wieder erkennen sie ihn – wie all die anderen Male vorher auch schon – nicht! Maria hält Jesus am leeren Grab zunächst für den Gärtner, am Abend des Ostertages fürchten sich die Jünger vor einem Geist und Thomas glaubt auch nicht, dass es wirklich der Herr ist, bis er seine Wunden anfassen darf. Einerseits erscheint der Herr zunächst ganz menschlich und leibhaftig wie jeder andere: er wandert nach Emmaus; er lässt seine Wunden anfassen; er isst Fisch. Und doch ist er andererseits scheinbar nicht einfach als derselbe Mensch vom Tod zurückgekommen wie einst Lazarus. Jetzt kommt er durch verschlossene Türen, steht plötzlich mitten im Raum. Es sind aber auch nicht nur innere Erscheinungen, Visionen oder mystische Erfahrungen, sondern ganz reale Begegnungen, die die Jünger mit dem Auferstandenen machen. Seine Identität ist dieselbe und doch sind alle Begegnungen mit ihm offenbar von einer seltsamen Fremdheit und Andersartigkeit bestimmt. Bei all diesen Begegnungen scheinen sie ihn nicht an seiner äußeren Gestalt zu erkennen, sondern irgendwann fällt der Groschen durch eine Art inneres Erkennen: als er von Herz zu Herz mit Maria spricht; als er in Emmaus das Brot bricht; als er sich von Thomas anfassen lässt. „Da wussten sie, dass es der Herr war, und sie erkannten ihn." Und so eine innere Erkenntnis war es wohl auch im Evangelium von diesem Sonntag, als Jesus unerkannt am See von Tiberias etwas scheinbar Widersinniges befahl und damit ein Wunder bewirkte. Nach dem österlichen Lockdown der Angst gehen Petrus und ein paar andere Jünger zurück nach Hause und zum Alt-Bekannten: nämlich Fischen in Galiläa. Aber ihr Tun bleibt erfolglos: Die ganze Nacht waren sie draußen, eigentlich die beste Zeit zum Fischfang, und doch sind am Morgen die Netze leer, keine einziger Fisch gefangen. Im Morgengrauen sehen sie einen Mann am Ufer stehen, aber sie erkennen ihn eben nicht. Er fragt nach etwas zu essen, obwohl er längst Frühstück gemacht hat, wie wir später erfahren. Sie müssen verneinen, nicht mal ihr eigener Lebensunterhalt ist gerade gesichert. Da befiehlt er vom Ufer aus, das Netz auf der anderen Seite auszuwerfen, was den Berufsfischern reichlich blöde vorgekommen sein muss. Und doch gehorchen sie widerstandslos – und haben völlig unerwartet Erfolg! Das Netz ist so übervoll, dass sie es gar nicht ins Boot bekommen. Und obwohl Petrus schon mal einen reichen Fischfang mit Jesus erlebt hatte, ist es der Lieblingsjünger, der genau darin den Herrn erkennt. Er war schon immer der, der im scheinbar Widersinnigen den tieferen Sinn dessen erkannte, was Jesus meinte. Vielleicht liegt das Erkennen des Auferstandenen gerade in der tiefen Erinnerung an das Erleben mit dem vorösterlichen Jesus? Maria erinnert allein ihr liebevoll ausgesprochener Name an ihre hingebungsvolle Beziehung mit Jesus. Petrus braucht einen klaren Auftrag, er soll Menschen fischen und er soll das übervolle Netz mit den 153 Fischen zu ihm bringen. Thomas, der Rationalist, muss sich persönlich davon überzeugen, dass die Wunden echt sind. Und die Jünger in Emmaus erkennen den Herrn, als er das Brot brach. Das Erkennen des Auferstandenen liegt gerade in der Resonanz der persönlichen Urerfahrung und Beziehung mit Jesus. Vielleicht ist das der Schlüssel, mit dem auch wir heute den Auferstandenen erkennen können, wenn er uns begegnet.

Der gute Hirte

4. SONNTAG DER OSTERZEIT • JOH 10,1–10

Ist euch eigentlich schon mal aufgefallen, dass der gute Hirt, also Gott selbst, eigentlich keinen Hund braucht – und auch keinen Stock oder gar eine Peitsche? Er erteilt keine Befehle, treibt nicht zusammen oder blökt herum. Sondern: Er kennt das innerste Gespür der Schafe, ihren Namen! Jemanden beim Namen zu nennen, heißt, wirklich ihn oder sie zu meinen, andere ernst zu nehmen und sie gerade nicht für eigene Interessen zu missbrauchen.

Der gute Hirt ist deswegen das Gegenteil einer Führergestalt, die Unterwerfung fordert. Er verführt nicht durch populistische Versprechen oder falsche Behauptungen. Er überrumpelt nicht, er ködert nicht mit Angeboten, die am Ende in eine Unfreiheit führen.

Solche Leute werden im heutigen Evangelium vielmehr als Diebe und Räuber beschrieben. Sie wollen sich der Schafe hintenrum bemächtigen. Geködert wird mit allem, wonach sie sich sehnen: Sicherheit, Gemeinschaft, Orientierung … Und manch ein Schaf, das sich danach sehnt, merkt vielleicht nie, dass es einen hohen Preis bezahlt: den der eigenen Freiheit.

Der Gott der Bibel ist anders: er bringt nicht fremde Lehren und geheimes Wissen, weder Moralpredigten noch Regeln zum glücklichen Leben, die dem Durchschnittsmenschen an sich verschlossen wären und denen man „nur“ folgen müsse. Umgekehrt: Er *öffnet* die Tür und treibt die Schafe nach draußen – in die Weite, in die Freiheit! Und das ist auch die Grundmelodie des Evangeliums: Offenheit und Vertrautheit.

Gott ist vertraut mit den Menschen und die Menschen sind es bereits mit ihm. Gott weiß, wie es ist, ein Mensch zu sein, denn er hat sich selbst darauf eingelassen. Er weiß, was Trauer, Hoffnung und Angst bedeuten. Er kennt die Fragilität der Liebe. Kurz: Er kennt die Seinen.

Und *weil* sich Gott so bedingungslos auf die Menschen eingelassen hat, kennen diese auch ihn: Er ist die unbedingte Liebe, die selbst vor der Todesdrohung nicht zurückschreckt! „Die Seinen kennen ihn.“ Er ging uns voraus: Nicht als Flöte spielender Rattenfänger, sondern als einer, der das Wagnis der Liebe gelebt und durchlitten hat. Durch Jesu Leben, Tod und Auferweckung wurde Gottes Wesen wirklich erkennbar! Es gibt kein Geheimnis mehr – auch wenn diese bedingungslos gelebte Offenheit uns ein Geheimnis bleibt – so wie jede Liebe ein Geheimnis bleibt. Ein Geheimnis, das uns aber im Innersten vertraut ist.

Alles, was Jesus offenbart, ist uns Menschen nicht fremd. Im Gegenteil: es ist uns aus der Seele gesprochen. Es ist die Liebe, die wir von uns aus kaum zu denken wagen, aber dauernd hoffen müssen. Diese Tür öffnet uns Gott. Seine Botschaft pfercht nicht ein, sondern befreit.

An der Botschaft können wir erkennen, ob es wirklich der Hirte ist. Er braucht keinen Hund, keinen Stock oder gar eine Peitsche.

LIEBE IST
VERTRAUTES
FREUDE
HOFFNUNG
TRAUER&
ANGST
SHAWN
DER GUTE HIRTE
JOH 10,1-10
NO!
~VS~
FAKE NEWS
SICHERHEIT
ORIENTIERUNG
GEMEINSCHAFT
WEITE
FREIHEIT

Weg – Wahrheit – Leben

5. SONNTAG DER OSTERZEIT • JOH 14,1–12

Im heutigen Evangelium kriegen wir zwar nicht direkt ein Hygienekonzept vorgeschlagen, wohl aber eine relativ klare Antwort auf Thomas' bange Frage, die vielleicht auch die vieler Verantwortungsträger*innen von heute ist: Wie können wir den Weg aus dieser Krise kennen? Selten sprechen jahrhundertealte Worte so klar in unsere Situation hinein. „Glaubt an Gott und glaubt an mich, eure Herzen sollen sich nicht verwirren lassen. Im Hause meines Vaters gibt es viele Wohnungen. Ich gehe euch voraus und bereite euch einen Platz und dann komme ich wieder, um euch dahin zu holen, wo ich bin." Natürlich sind diese Worte ursprünglich in einem völlig anderen Kontext gesprochen. Aber die Zusage gilt auch für uns heute. Da ist jemand, der auf uns wartet, der uns ein Heim bereitet, der etwas vorbereitet. „Heimat ist, wo dein Herz ist" sagt ein Sprichwort. Klingt kitschig, stimmt aber. Das Bild vom Vaterhaus mit den vielen Wohnungen wird oft als Trostbild für ein Leben nach dem Tod gedeutet. Aber vielleicht hat Jesus doch vielmehr statt eine jenseitige Postanschrift im Himmel den realen Tempel in Jerusalem gemeint, in dem er sich schon als 12-Jähriger ganz zu Hause fühlte und den er als Erwachsener in einem rauschenden Zornesausbruch so richtig aufräumt.

Für viele Menschen sind die Kirchen Orte der Heimat. Nun dürfen wir aber schon seit geraumer Zeit nicht mehr – oder nur unter ganz bestimmten Bedingungen – in unsere selbstgebauten Vaterhäuser, sprich: Gotteshäuser gehen. Eine nie da gewesene Krise!

Wirklich? Nein! Denn auch der Tempel wurde damals den Menschen genommen. Im Gegensatz zu heute sogar gänzlich zerstört. Das Volk Gottes wurde ins Exil gezwungen und musste sich grundlegend neu orientieren und eine ganz neue Identität ausbilden.

Eine Heimat zu haben, zu der mir der Zugang versperrt ist, kann lähmend sein. Diese Erfahrung vieler Flüchtlinge, die wissen, dass sie sehr lange nicht, vielleicht auch nie wieder in ihre Heimat zurückkönnen, wird uns im Moment vielleicht etwas verständlicher. Wer Wohnung bei Gott hat, ist aber nicht heimatlos. Wenn wir bei Gott zu Hause sind, ist es eigentlich egal, an welchem Ort wir sind, ob wir in einer Kirche oder zu Hause sind oder in welchem Land wir uns gerade aufhalten. Ob wir also in den Tempel gehen können oder nicht, das Heimatrecht bei Gott kann uns doch keiner nehmen. Jesus sagt: Ich bin dieser Weg zur Heimat in Gott, selbst wenn dieser Weg durch den Tod führt. Wenn ich das für mein persönliches Leben glauben darf, für meinen Tod und meine Auferstehung – wieso fällt es uns dann so schwer, dasselbe für die Kirche anzunehmen? Selbst wenn geliebte Dinge gerade sterben, vertraute Riten nicht mehr sind oder bestimmte Orte und Gottesdienstformen gerade nicht zugänglich sind, darf ich doch fest in dem Glauben stehen, dass Jesus uns diesen Weg zum Leben in Fülle weist.

Jesus, der Wegweiser, hat es uns in diesem Evangelium versprochen: Er wird wiederkommen und uns dahin holen, wo er schon längst ist. Glauben wir ihm doch einfach und stellen wir uns der Herausforderung seiner Person.

Rezept

6. SONNTAG DER OSTERZEIT • JOH 14,15–21

Im Evangelium steckt wieder so viel Johannes drin, dass einem schwindlig wird:

Man nehme viel Liebe, ein paar Gebote und gebe einen ordentlichen Schuss Geist hinzu. Alles dann in einer großen Schüssel Wahrheit verrühren und mit Verheißung abschmecken. Das Evangelium dann kurze Zeit gehen lassen.

Johannes hat ja schon immer viele Symbole mit Jesus vermengt: Weg, Tür, Wahrheit, und diese dann zudem mit Gott selbst gleichgesetzt. Heute serviert er weder den Kinderteller Pinocchio noch eine Seniorenportion, sondern er tischt so richtig auf und bezieht alle Gläubigen in die gemeinsame Identität mit ein: „Ich bin in meinem Vater, ihr seid mit mir und ich bin in euch."

Es scheint vor allem an zwei Zutaten zu liegen: Liebe und Geist! Und wenn man genau auf die Verpackung achtet und sich die Inhaltsstoffe durchliest, fällt auf, dass es sich bei beiden Dingen um dasselbe handelt (also ganz Johannes-like wieder: Identität).

Gottes Geist, seine Liebe wirkt in den Menschen, die von seiner unbedingten Liebe angesteckt wurden – seit 2000 Jahren. Menschen also, die sich nicht davon abhalten lassen, zu lieben, gegenseitig zu unterstützen und wertzuschätzen. Sie lieben trotz der Erfahrung, dass Liebe immer wieder ausgenutzt wird.

Gott begegnet uns in diesen Menschen, denn hier wirkt Gottes Geist. Wir merken, wir sind mit unseren kläglichen Liebesversuchen nicht alleine. Jesu Gebot: „Liebt einander!" ist Auftrag aber vor allem Zuspruch zugleich. In der Liebe wird Gottes Geist – sein Wesen – gegenwärtig: in der Gestalt liebender Menschen.

Insofern muss ich mich korrigieren: Liebe und Geist sind nicht die Zutaten, sie sind die Rezeptur. Sie lassen sich nicht in bestimmten Dosen beimengen. Für Johannes machen sie das Christsein schlechthin aus.

liebe
wahr HEIT
14,15-21
johannes
GEIST
VER-HEISSUNG
GEIST
liebe
INGREDIANTS:
wahr HEIT
WESEN & REZEPTUR DES CHRISTENTUMS

Großes Gefühlskino

7. SONNTAG DER OSTERZEIT • JOH 17,1–11A

Was hat Casablanca mit dem Johannesevangelium zu tun? Casablanca ist nicht einfach nur ein legendärer Filmklassiker, sondern ein Meisterwerk unter den Kultfilmen der Abschiedsszenen. Jeder kennt die Szene, in der Humphrey Bogart tief in die Augen von Ingrid Bergman schaut und zum Abschied leise sagt: „Ich seh dir in die Augen, Kleines." Er sieht in ihren Augen, dass sie eben einen anderen liebt und hat die Größe, sie gehen zu lassen. Ihnen bleibt ja immer noch die Erinnerung an Paris und „As Time Goes By". Ein grandioser Film von Michael Curtiz, der eine tragische Dreiecksbeziehung inmitten einer skrupellosen Welt spannend und herzzerreißend auf die Leinwand zaubert.

Ähnlich großes, durchaus hollywoodwürdiges Gefühlskino erleben wir auch im Johannesevangelium, denn der Autor ist in Dramaturgie nicht minder begabt. Nach Art einer antiken Tragödie wird das Buch von einem Prolog eröffnet und das Geschehen mit all seinen Zeichen und Wundern als szenisches Bühnenstück erzählt. Personen treten auf und wieder ab, es werden Monologe und Zwiegespräche mit einzelnen Personen gehalten. Ganz im Stil der damaligen Literatur lässt Johannes seinen Protagonisten Jesus im Angesicht des Todes eine lange Abschiedsrede halten, in der er über die Einheit mit dem Vater und die Rückkehr zum Vater, gegenseitige Verherrlichung, Verheißung des Heiligen Geistes und geschwisterliche Liebe spricht.

Dies alles redete Jesus. Punkt. Alles Reden über Gott muss einmal einen Punkt haben – und zum Reden mit Gott werden. Der biblisch-jüdischen Tradition gemäß lässt Johannes die Abschiedsrede in einem Gebet gipfeln, in dem Jesus aus zwei Perspektiven einerseits auf sein Lebenswerk zurückblickt und andererseits Gott für die Hinterbliebenen bittet. Wenn er aus österlicher Perspektive Rechenschaft für sein Heilswerk ablegt, tritt dessen Vollendung vor Augen.

Wenn er für die Jünger bittet, schaut er aus der Situation des Abschieds auf die Zeit nach Ostern voraus.

„Dann erhob er seine Augen zum Himmel und sprach: „Vater, die Stunde ist jetzt da. Setze deinen Sohn in seine Herrlichkeit ein. Dann kann der Sohn deine Herrlichkeit sichtbar machen." Die Stunde der Verherrlichung ist also jetzt gekommen. Herrlichkeit meint Größe, Würde oder Ehre. Verherrlichen meint dementsprechend: jemandem die Ehre geben oder etwas in Ehren halten. Jesu Auftrag war, den Menschen den Vater bekannt zu machen. Dieser Auftrag ist nun erfüllt. Wir geben also Gott die Ehre, indem wir dem zustimmen, was Jesus uns über den Vater gesagt hat. Wir glauben dem und lassen Gott „Herr sein". Bei Johannes drückt sich diese Zustimmung, die Verherrlichung, in der Liebe aus: „Liebt ihr mich, dann werdet ihr meine Gebote halten."

Und in diesem Moment der Zustimmung – oder eben auch mit der johanneischen Liebe – beginnt auch das ewige Leben. Nicht erst nach dem Tod oder mit der Auferstehung. Nein, es beginnt jJetzt und heute mit meinem Anerkennen des Vaters. Denn „darin besteht das ewige Leben: zu erkennen, wer du bist“. Erkennen ist mehr als ein Sehen mit den Augen. Es ist ein ganzheitliches Geschehen. Ewiges Leben meint, sich mit Gott zu verbinden und zu verbünden.

Und „ich glaube, das ist der Beginn einer wunderbaren Freundschaft“.

Verwundbar machen

PFINGSTEN • JOH 20,19–23

Im Evangelium tritt Jesus heute in die Verschlossenheit der Jünger ein und er zeigt seine Wunden. Das heißt für mich zum einen, dass die Botschaft – also Christ-Sein – nicht nur eine Theorie, nicht nur eine Lehre, irgendetwas Fiktives oder eine Idee ist. Sondern Christ-Sein ist etwas, das sich ganz real ereignet. Mit anderen Worten: Christ-Sein ist das Eintreten für andere in die Verschlossenheit anderer.

Und zum anderen heißt es für mich: Die Wunden Jesu – seine Verwundbarkeit – sind ein Zeichen, dass es durchaus Sinn macht, für andere einzutreten und sich verwundbar zu machen – auch wenn die Wunden natürlich nicht das Ziel sind. Aber sie machen noch einmal deutlich, wie ernst ich es meine, mich für andere einzusetzen.

Und am Ende des Evangeliums ist wieder von Sündenvergebung die Rede: Ich hatte es in einem anderen Video schon einmal gesagt: Für mich heißt das, dass ich nicht länger auf mein Recht poche und dass ich andere nicht länger auf ihre Fehler festnagele. Das heißt: Ich löse mich (und damit natürlich auch andere) von vielleicht falschen Gerechtigkeitsempfindungen und trage damit zu einer großen Befreiung bei.

Gottes Geist tritt also ein, wenn wir aufhören, Recht haben zu wollen. Und vielleicht tritt ja Gott (zu Corona-Zeiten) auch in unsere Kirchen ein: In unsere selbst gewählten Mauern, in unsere Angst, in unsere Zurückgezogenheit. Von offener Kirche zu sprechen heißt für mich daher auch, weniger die Kirchentüren einfach nur offen zu halten und in die Mauern einzuladen. Man könnte vielleicht auch sagen: in die Enge! Sondern vielmehr umgekehrt: Türen öffnen und nach draußen gehen, sich verwundbar machen und verwundbar zeigen.

Gott tritt in unser Leben ein und sagt: „Friede sei mit euch!“ Das heißt: Er will freimachen. Er will die Mauern sprengen. Und für uns bedeutet das: Es kann so viel mehr passieren! Vielleicht schenkt uns das Pfingstereignis den Mut, mehr auszuprobieren und mehr zu wagen.

Mehr nach draußen zu gehen und sich mehr verwundbar zu machen – ich glaube, das tut einer glaubwürdigen Kirche ganz gut.

HERAUS-SPAZIERT
ENGE
WUNDE(R)
FROHE
PFINGSTEN
JOH 20,19-23
MUT +
WAGNIS +
WUNDEN =
GLAUBWÜRDIGKEIT
ICH MACH MIR DIE
FÜR DICH
DRECKIG
MEHR ALS
„REAL-TALK“
GIBT'S WIRKLICH!

Dreifaltigkeit

DREIFALTIGKEITSSONNTAG • JOH 3,16–18

Mit der Dreifaltigkeit oder auch Dreieinigkeit ist das ja so eine Sache, die eigentlich keiner richtig versteht – es ist eins der tiefsten Geheimnisse unseres Glaubens und die Größe Gottes überfordert da einfach unseren menschlichen Verstand. Schon Augustinus hat es vor 1600 Jahren so gesagt: „Wenn du es begriffen hast, dann ist es nicht Gott." Der lateinische Begriff für die Dreifaltigkeit, „Trinität", setzt sich zusammen aus Tri = drei und Unitas = Einheit.

Es gibt zahlreiche bildliche Erklärungsansätze für diese Trinität: das dreiblättrige Kleeblatt, H_2O in verschiedenen Aggregatzuständen oder die dreifach-Steckdose. Meine liebste Metapher für diese drei Weisen ist diese: Der Vater als Sonne, Jesus als das Licht, das wir sehen können, und der Heilige Geist als Wärme, die wir spüren können. Alle diese Bilder sind natürlich begrenzt. Und wenn Gott unbegrenzt und allmächtig, nicht fassbar in Raum und Zeit ist – warum sollte er dann ausgerechnet in seiner Zahl begrenzt sein?

In der Bibel findet sich tatsächlich nirgendwo direkt die Rede von dieser Dreieinigkeit. Aber sie ist auch nicht einfach ausgedacht, sondern der Begriff fasst zusammen, was in der Bibel über Gottes Wesen gesagt ist: Er selbst zeigt sich als Vater, Sohn und Heiliger Geist. Ein Gott in drei Personen, in drei verschiedenen Weisen, die nicht austauschbar oder einfach identisch sind. Gott ist zum einen der Vater, der uns und diese Welt geschaffen hat, und er ist zugleich der, der Mensch geworden ist. Jesus zeigt uns, wie der Vater ist. Und der Heilige Geist repräsentiert die unsichtbare Allgegenwart Gottes.

Oft ist die Rede von Gott, dem Allmächtigen. Nach menschlichen Maßstäben machen Größe meist Stärke, Erfolg und Macht aus. An solchen menschlichen Maßstäben gemessen, wirkt der Gott der Bibel aber eher klein: Der große Schöpfergott bindet sich an ein politisch und wirtschaftlich unbedeutendes Volk in einer abgelegenen Ecke der Welt, das nicht mal eigenes Land besitzt. Auch Jesus war kein Großer, sondern wird – wieder in dieser entlegenen Ecke – in ärmlichen Verhältnissen geboren, wie ein gemeiner Verbrecher gekreuzigt und verspottet, scheinbar von Gott verlassen. Und auch Elija findet den Geist Gottes nicht in Sturm und Erdbeben, sondern im leisen Säuseln. Das, was in den Augen vieler als Schwäche und Ohnmacht Gottes empfunden wird, ist das Größte, was sich über den Gott der Bibel sagen lässt: Gottes Liebe ist so unbeschreiblich groß, dass ihm die Freiheit seiner Geschöpfe das Höchste ist, denn Liebe, die den Geliebten nicht ganz und gar frei sein lässt, ist keine vollkommene Liebe. Gott hat die Welt so sehr geliebt, dass er seinen einzigen Sohn hingab, und ob das zur Rettung wird, entscheidet jeder Mensch in eigener Freiheit.

1+1+1=3
3?
SCHÖPFER
MENSCH
ALLGEGENWART
JOH 3,16-18
WÄHH, WÄHH
BINDET SICH
IST LIEBE
GOTTES ALLMACHT
VATER
SOHN
GEIST
LIEBE

Berufung des Matthäus

10. SONNTAG IM JAHRESKREIS • MT 9,9–13

Im heutigen Evangelium gibt es die beste Medizin – und das sogar ganz ohne Placebo-Effekt.

Jesus kennt sich, obwohl er gerade erst einen Gelähmten geheilt hat, nämlich nicht nur mit Wunderheilungen aus, sondern auch mit einer anderen Art von Krankheit. Und vielleicht deshalb hat dieses Evangelium zwei Etappen:

Als Erstes beruft Jesus Matthäus als seinen Jünger.

Wir wissen nicht, was es genau war, was Matthäus dazu gebracht hat, durch eine kurze Begegnung, ein kurzes „Bei Fuß" – äh – „Folge mir!" sein ganzes bisheriges Leben über den Haufen zu werfen. Wir können nur annehmen, dass es eine besondere Begegnung war – vielleicht eine des Gesehen-Werdens trotz allem, was man vielleicht selbst Schlimmes von sich weiß oder nur denkt.

Auch darauf gibt dieses Evangelium eine Antwort in salbungsvollen Worten: „Ich habe Wohlgefallen an Barmherzigkeit und nicht am Opfer."

In einer Zeit, in der es komplett normal war, für seinen Gott zu opfern, gibt es damit ein Update: Etwas anderes soll noch viel mehr wert sein als die gewohnte Praxis: Barmherzigkeit. Oder auch Liebe und Güte – je nachdem, in welcher Übersetzung wir nachlesen. Und damit dreht Jesus die bisher bekannte Welt auf den Kopf.

Spannend ist hier auch, dass „Ich habe Wohlgefallen" noch viel mehr meinen kann: das altgriechische Wort meint nämlich auch den absoluten Wunsch, ja sogar das Verlangen: Jesus verlangt nach Barmherzigkeit und kann damit zwar auch uns heute gemeint haben – schaden würde es wohl nicht –, aber er richtet sich hier mit seiner Aussage an die Pharisäer, die als Schriftgelehrte doch eigentlich wissen sollten, dass „Ich habe Wohlgefallen an Barmherzigkeit und nicht am Opfer" schon in ihren Schriften beim kleinen Propheten Hosea zu finden ist und damit auch in unserem Alten Testament steht. Ein Update aus der Vergangenheit also.

Und jetzt kommt mein persönlicher Aha-Effekt. Denn für mich stehen nicht umsonst die Berufung von Matthäus und das Mahl mit den Zöllnern und Sündern so nah beieinander. Matthäus war Zöllner und damit in der jüdischen Vorstellung Abschaum, weil er den eigenen Leuten das Geld aus der Tasche zog. Jetzt hatte er gerade durch Jesu Aufforderung „Folge mir!" sein Leben geändert, aber vielleicht war es genau das Mahl mit den Zöllnern und Sündern, das Matthäus auch eine Versöhnung mit seinem bisherigen Leben gebracht hat. Jesus rechtfertigt sich vor den Pharisäern nämlich für dieses Essen mit den Worten: „Die Starken bedürfen des Arztes nicht, sondern die Kranken." Und das ist spannend, denn hier wird nicht der Gegensatz zwischen gesund und krank aufgemacht, nein, es geht um Krankheit und Stärke. Allein physische Gesundheit scheint Jesus also nicht genug zu sein. Ihm geht es um mehr: wir würden das heute vermutlich psychische Gesundheit nennen und nicht in Kategorien wie gesund oder krank denken, weil wir wissen, dass man meistens sowieso irgendwo dazwischen ist. Matthäus' psychische Gesundheit heilt Jesus hier jedenfalls quasi im Seelsorgegespräch, denn auch er wird in dieser Szene aufgefordert, barmherzig zu sein, zum Beispiel auch gegenüber seiner eigenen Vergangenheit.

Also: Lassen wir es auch hin und wieder gut sein. Zu kaum jemand anderem würden wir so hart mit uns sein wie zu uns selbst. Herzliche Einladung zum Selbstmitgefühl bzw. zumindest zu etwas weniger Härte uns selbst gegenüber.
Amen.
Text: Theresia Härtel (Pastoralreferentin, Berlin)

Apostel – nicht: Moralapostel

11. SONNTAG IM JAHRESKREIS • MT 9,36–10,8

„Die Ernte ist groß, aber es gibt nur wenig Arbeiter." Ich musste da natürlich erstmal an die großen Spargelfelder und die fehlenden Erntearbeiter denken – bzw. an die Menschen aus anderen Ländern, die jetzt auf den Feldern für Niedrigstlohn arbeiten. Auch wenn ich die Bauern verstehen kann (schließlich haben sie hier viel oder sogar alles investiert), verdeutlicht die Corona-Krise wie durch ein Brennglas die Unverhältnismäßigkeit von Wohlstand (Spargel) und Ausbeutung.

Ich kann und will hier aber nicht den Moralapostel machen. Und das ist genau das Stichwort für das heutige Evangelium, denn es geht um die Aussendung der 12 Apostel. Wohlgemerkt: nicht um die Aussendung von Moralaposteln.

Jesus hat Mitleid mit den vielen Menschen, die müde, erschöpft und wie verstreute Schafe ohne Zuhause sind. Hätte er Moralapostel ausgesandt, wozu hätte er diese dann beauftragt? Gesetzeskonformität durchzusetzen? Eintrittsbedingungen zu formulieren? Bei Nichtbefolgen mit Ausschluss zu drohen?

Jesus hat Mitleid. Und das meint sicherlich mehr als ein bedauerndes Gefühl. Das hebräische Wort für Mitleid lautet „rechamim" – und das kommt von „rechem", Mutterschoß. Also irgendetwas mit Geborgenheit. Jesus will die Menschen mit dem eigenen Leib schützen. Und er will sie ernähren und bergen. Er will sie tragen. Wer auf diese Art Mitleid hat, will für andere einstehen und aufkommen, mit allem, was er oder sie hat – ja sogar mit dem eigenen Leben.

Dieses Mitleid ist sein Sendungsauftrag und so etwas wie die geistliche Grundlage der Kirche. Wie sollte es auch anders sein: Im Mitleid kehrt sich das Innerste ins Äußerste, so wie Gott sich in dem Menschen Jesus selbst ins Äußerste gekehrt hat und damit sein Wesen gezeigt hat. Die Botschaft der Sendung lautet deshalb auch: Das Himmelreich ist nahe (und nicht an Bedingungen geknüpft)! Und diese Botschaft wird nicht einfach laut vor sich herposaunt, sondern sie wird konkret erlebbar, weil die Ausgesandten gute Werke tun (übrigens: nicht für sich und ihr Ticket fürs Himmelreich): Sie wecken Tote (oder Totgesagte) auf zu leben! Sie heilen Kranke, sie vertreiben Ängste, Sorgen und Dämonen. Und vor allem: Sie tun es umsonst!

Klar. Kirche braucht Struktur und Regelungen. Aber sie muss dabei ihren geistlichen Auftrag nicht aus dem Blick verlieren. Moralapostel predigen über Verhalten. Mitleid ist ein Verhalten, ist ein Zuspruch, der uns unbedingt zugesagt ist und den wir hoffnungsfroh leben dürfen!

MT 9,36-10,8
DIE ERNTE IST GROSS
DIE AUSSENDUNG
DER 12
LUXUS
CORONA
RISIKEN
MORAL
APOSTEL
MITLEID
HIMMEL
OHNE
INNEN NACH AUSSEN
DAS HIMMELREICH IST NAHE!
BOTSCHAFT
RECHAMIN
RECHEM
MUTTERSCHOß
EINSTEHEN
AUFKOMMEN
MITTRAGEN
SORGEN
ÄNGSTE
KRANKHEIT
LEBEN!

Mehr wert als die Spatzen

12. SONNTAG IM JAHRESKREIS • MT 10,26–33

In der letzten Woche haben wir von der Aussendung der 12 Apostel gehört, die Jesus mit besonderen Vollmachten ausstattet: Sie sollen die Botschaft vom nahen Himmelreich verkünden, Kranke heilen und sogar Tote auferwecken. Ein Apostel ist wörtlich ein Gesandter, der im Sinne seines Auftraggebers handelt oder Botschaften verkündet. Ein Gesandter oder Apostel steht also stellvertretend für den Sender oder Auftraggeber. In diesem Sinne kann man auch Jesus selbst als Apostel bezeichnen – nämlich als Gesandten Gottes.

Und wenn es in früheren Zeiten vorkam, dass Gesandte beim Überbringen ihrer Botschaft umgebracht wurden, dann galt dieser Angriff nicht ihrer Person, sondern ihrem Auftraggeber und seiner Botschaft — was die Sache für die Gesandten natürlich nicht besser machte! Heute genießen Gesandte deshalb diplomatische Immunität. Anders als in der Rede von der letzten Woche, in der den Jüngern immerhin der Beistand des Geistes verheißen wird, erhalten sie in dieser Woche keinerlei äußere Unterstützung mehr zugesagt. Das Schicksal von manchen von ihnen wird dem Schicksal Jesu in der Passion entsprechen. Sie sind zu der Entscheidung herausgefordert, sich zu diesem Jesus und seiner Botschaft zu bekennen oder in konkreter Todesgefahr doch eher zu leugnen — wie es auch Petrus, immerhin der erste unter den Aposteln, im entscheidenden Augenblick tat. Wir stehen heute vielleicht nicht in unmittelbarer Todesbedrohung, aber auch Ablehnung, Spott und Verachtung durch andere können innerlich etwas töten. Jesus sagt drei Mal: „Fürchtet euch nicht.“ Fürchtet euch nicht vor den Menschen, die euch ablehnen oder um meinetwillen verfolgen. Fürchtet euch nicht vor der Freiheit und fürchtet euch nicht vor der Wahrheit, aber fürchtet euch vor denen, die beides unterdrücken wollen. Die Jünger werden in sehr bildlicher Sprache zur offenen Rede aufgefordert. Sie sollen nicht im Dunkeln munkeln und die Botschaft auch nicht als stille Post von Ohr zu Ohr flüstern. Sondern sie sollen sie am helllichten Tag und von den Dächern verkünden. Nichts soll im Verborgenen geschehen, sondern unverblümt ausgesprochen werden. Eine Praxis radikaler Offenheit und Ehrlichkeit, die gerade auch für die Kirche in unserer Zeit aktueller denn je bleibender Anspruch ist. Die Begründung und Versicherung dafür ist der Glaube an den Gott, der im Hier und Jetzt nicht einmal einen Spatz aus dem Blick verliert, der die Haare auf dem Kopf jeder Jüngerin und jedes Jüngers zählt und der als Herr über Tod und Leben für uns sorgt. Im Vertrauen auf diese Fürsorge Gottes für das ganz alltägliche Leben — so die Kernbotschaft dieses Evangeliums — liegt der eigentliche und tiefere Grund für die Aufforderung „Fürchtet euch nicht!“.

Das Evangelium des heutigen Sonntags bietet also zwei Aspekte, die aufeinander bezogen sind wie die beiden Seiten einer Medaille: 1. Nachfolge ist (potentiell) gefährlich – so könnte man zusammenfassen. Bekennen und Verleugnen bleiben nicht ohne Folgen und fordern ihre Konsequenzen. Aber: 2. Gottes Fürsorge ist grenzenlos – und sie begründet das Vertrauen und die Furchtlosigkeit, auch in schwierigen Situationen standzuhalten, sich mutig für Freiheit und Wahrheit einzusetzen und die Botschaft der Liebe Gottes von den Dächern zu verkünden.

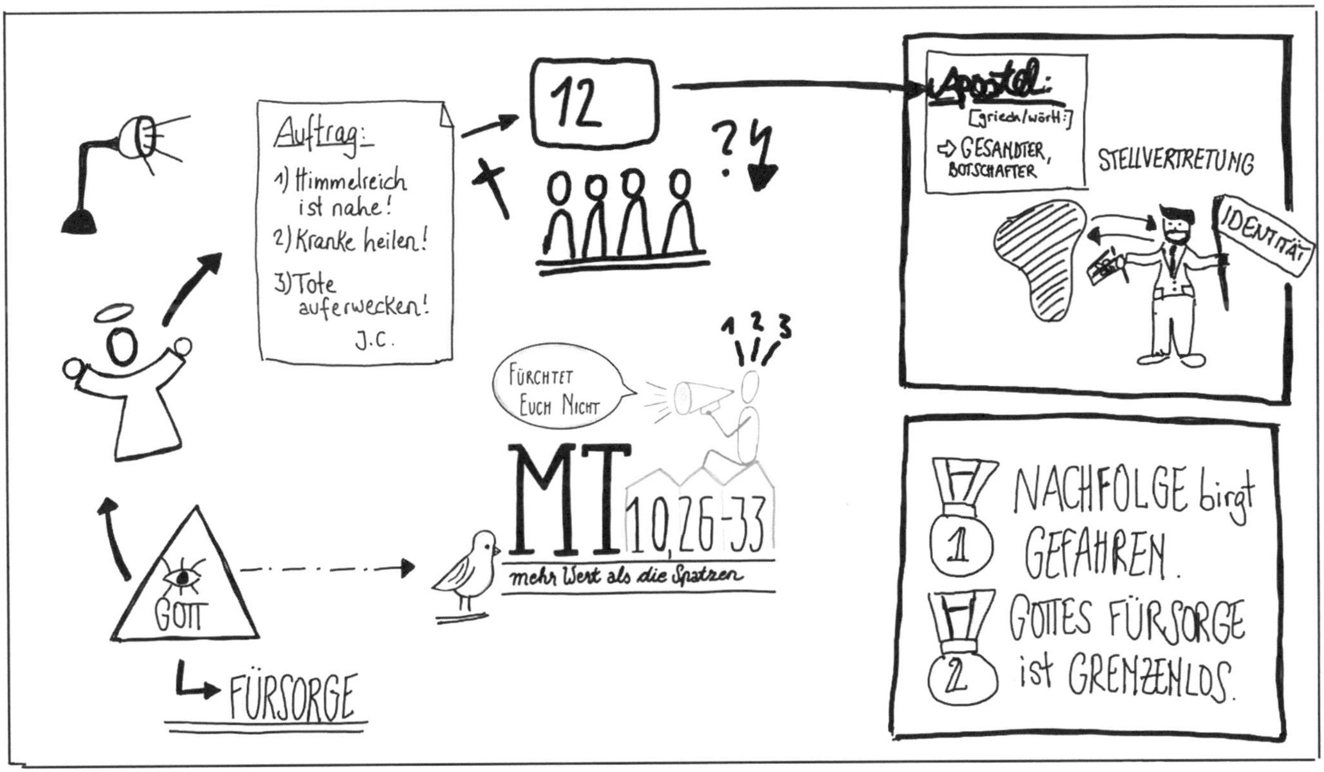

Nachfolge

13. SONNTAG IM JAHRESKREIS • MT 10,37–42

Starker Tobak. Es geht um Nachfolge und es geht darum, wer es wirklich wert ist, nachzufolgen. Und ihr kennt wahrscheinlich die Beispiele (mindestens drei werden genannt): Man soll Vater und Mutter verlassen, man soll das Kreuz auf sich nehmen, oder sogar das Leben verlieren. Das ist eine Bibelstelle, die ich bisher persönlich ziemlich heftig fand. Mir ist jetzt aber noch eine andere Perspektive eingefallen, und die hat mit mir selber zu tun.

Als ich damals angefangen habe zu studieren, konnte ich das nicht in Berlin machen, sondern musste nach Münster gehen oder irgendwo anders hin. Und am Anfang fand ich es total blöd – ganz ohne meine Freunde, meine Familie und das gewohnte Umfeld. Es war so viel ungewiss. Klar, im Nachhinein sage ich natürlich: Es war die beste Erfahrung! Insofern fiel mir jetzt das Bild (und das ist vielleicht das beste Bild, das man auf die Bibelstelle anwenden kann) vom „Hotel Mama" ein – als Inbegriff für den Ort, wo für alles gesorgt ist. Aber auch der Begriff für einen Ort größter Unselbständigkeit.

Und jetzt kommen wir ganz nah an das Evangelium heran: Hier geht es um *Abnabelung*. Ein Loslösen, damit Wachstum entstehen kann und Selbständigkeit. Es geht darum, selber zu denken und ein eigener Mensch zu werden. Und ich glaube, das ist das, was dieses „Nachfolgen" meint: dass es eben nicht darum geht, einfach jemandem „nachzulatschen". Nachfolge Jesu heißt dann etwas ganz anderes: nämlich auf eigenen Beinen zu stehen.

Eine Abnabelung ist natürlich auch ein schmerzhafter Prozess, weil ich eben das Bestehende, die Geborgenheit und Sicherheit aufgeben muss. Allerdings in der Hoffnung, dass ich vielleicht etwas ganz Anderes und Neues entdecken werde.

Das zweite Beispiel, das der Evangelist nennt, legt fast noch „eine Schippe drauf": also, das Kreuz auf sich zu nehmen. Was heißt das? In der Vergangenheit wurde in der Kirche damit ja auch sehr viel Missbrauch betrieben und Menschen wurden zu Opfern gemacht. Das kann es ja wohl nicht sein! Jesu Nachfolge meint nicht irgendeine krankhafte Lust am Leiden. Umgekehrt: Es geht um die Leidenschaft für das Leben! Es geht um das Einstehen mit allem, was ich habe, damit Leben gelingen kann!

Und das dritte Beispiel: „Wer sein Leben gewinnen will, der wird es verlieren" ist eigentlich eine super Zusammenfassung der ersten beiden. Denn ihr kennt es ja selbst: Die schönen Dinge kann ich einfach nicht festhalten und wenn ich sie festzuhalten versuche, dann mache ich sie kaputt: Liebe, Kreativität und alle besonderen Momente. Wenn ich also nur nach (Selbst-)Optimierung, Profit oder Ähnlichem strebe, dann würde mir das Leben vermutlich entgleiten.

Nachfolge Jesu heißt, nicht einfach alles aufgeben in dem Sinne, dass alles nichts wert wäre, sondern sich wieder zu öffnen für das, was kommen könnte – und zwar unabhängig von dem, was ich festhalten will (und damit vielleicht sogar kaputtmache).

Fazit also: Nachfolge Jesu ist ein Wagnis. Ein Wagnis aus Hoffnung. Nachfolge Jesu heißt: sich abnabeln und Sicherheiten aufgeben, um zu wachsen und für das Leben einzutreten.

Das leichte Joch

14. SONNTAG IM JAHRESKREIS • MT 11,25–30

Es muss einer der Momente gewesen sein, wo Jesus die Faxen dicke hatte von all den frommen Besserwissern, die meinen genau zu wissen, wie das ist mit Gott und wie das mit dem Glauben und dem Leben so geht.

Im ersten Teil des Textes wendet sich Jesus genervt an Gott:

Ich preise dich, Vater, Herr des Himmels und der Erde, weil du das vor den Besserwissern und Klugscheißern verborgen und es lieber den Kleingeistigen offenbart hast.

Das Druck-Ablass-Gemotze wendet sich dann aber schnell in ein Lobgebet für die anderen, die sich eben nicht selbst für besonders schlau halten und bereit sind, sich auf ungewohnte Worte und neue Wege einzulassen. Wie Kinder, die sich an einen Erwachsenen, oft Vater oder Mutter, wenden, wenn sie nicht weiterwissen. Oft wissen wir als Erwachsene auch nicht, wie es weitergehen soll. An wen wenden wir uns dann? Wenn es schwer wird, komplex, überfordernd. Wenn uns die Dinge über den Kopf wachsen, wir einfach erschöpft sind und nicht mehr können?

Für diese Kinder-Menschen hat Jesus ein Angebot:

„Kommt alle her zu mir, die ihr es schwer habt – ich werde euch Ruhe verschaffen."

Klingt das nicht ungeheuer wohltuend und verheißungsvoll für alle Gestressten und Überlasteten? Für alle, die geschafft, erledigt, am Ende ihrer Kräfte sind? Einfach mal nur in Ruhe gelassen werden. Denn wie der Kalenderspruch sagt: „Nur der in Ruhe gelassene Mensch kann in Ruhe ein gelassener Mensch werden."

Aber wir wissen natürlich: unsere Lasten, Aufgaben, unsere Verantwortung und schweren Erfahrungen und Erinnerungen können wir nicht einfach abgeben.

Es geht wohl eher darum, wie wir damit umgehen und zurechtkommen, ohne dass wir daran kaputtgehen. Jesus nimmt uns die Last nicht ab, aber er hilft uns, sie zu tragen. Aus dem Joch soll zumindest ein leichteres werden.

Das Joch ist ja eigentlich ein Hilfsmittel für Zugtiere, um die Last zu verteilen. So wie der Hüftgurt eines Wanderrucksacks die Last vom Rücken auf das stärkere Becken verteilt. Es geht also nicht darum, das Tragen der Last generell abzugeben, sondern sie möglichst schmerzfrei und aufrecht zu (er-)tragen.

Franz von Sales sagte mal: „Macht es wie die Kinder: mit einer Hand halten sie sich an ihrem Vater fest und mit der anderen pflücken sie Erdbeeren am Waldrand.

Halte dich also stets an der Hand Gottes fest, während du mit der anderen Hand einsammelst, was du zum Leben brauchst. Und hüte dich vor allem, seine stabilisierende und aufrechthaltende Hand loszulassen.

Händchenhalten mit Gott steht jetzt so direkt nicht in der Bibel, aber vielleicht gefällt dir dieses Bild ja auch?!

~ VS. ~
?!
MAMA!!
MAMA?!
HILFE?!
??
?!
LEICHTES JOCH?!
- MT 11,25-30 -
TIPP:
- Fr. v. Sales -
SCHMERZ frei
LAST
VER ANT WORTUNG
NÖTE
SORGEN
BALSAM für die SEELE!
NUR DER IN RUHE GELASSENE MENSCH KANN IN RUHE EIN GELASSENER MENSCH WERDEN!!

Gleichnis vom Sämann

15. SONNTAG IM JAHRESKREIS • MT 13,1–23

Bevor ich inhaltlich auf das Gleichnis eingehe, ein Wort vorweg: Was Jesus mit den Gleichnissen betreibt, würde man heute wohl als Storytelling bezeichnen. Wer sich ein wenig mit Marketing auseinandergesetzt hat, weiß, dass Menschen Geschichten lieben und dass Menschen gar nicht die Produkte um ihrer selbst willen kaufen, sondern wegen der guten Geschichte hinter den Produkten. Und wer wiederum im Beratungsgeschäft unterwegs ist, schätzt ebenfalls das Narrativ. Denn im Erzählen konstruieren sich neue Perspektiven und Möglichkeiten, die alternative Handlungsoptionen eröffnen.

Auch der Gleichnis-Erzähler Jesus will nicht langweiliges Faktenwissen aufzählen. Er will die Zuhörenden involvieren, damit sie in die Geschichte gedanklich mit einsteigen und sie mit ihren eigenen Worten weitererzählen.

Aber jetzt zum Inhalt des Gleichnisses vom Sämann – wobei: Im Grunde genommen geht es genau darum, was ich eben beschrieben habe.

Der Sämann sät und tatsächlich fällt Samen hierhin und dorthin. Und ganz ähnlich ist es mit den vielen Informationen, die auf uns einprasseln: Worte und Inhalte verhallen, das meiste wird vorab herausgefiltert und nur ein geringer Teil kommt dort an, wo er Frucht tragen könnte. Dieses „Frucht tragen" umschreibt Jesus mit „verstehen" und „einsehen".

Und deshalb gibt er sich so große Mühe mit dem Erzählen von Gleichnissen. Doch noch stärker als eine Geschichte ist das, was man unmittelbar am eigenen Körper erlebt. Und auch hier kann man in Jesus seinen Meister finden: Er *lebt* seine Botschaft und predigt nicht nur warme Worte – selbst wenn es für ihn existentiell wird. Selbst im Angesicht des Todes.

Und überhaupt: Allein dass dieser Gott Mensch geworden ist, belegt ja, wie ernst er es mit der „Begreifbarkeit" meint. Es geht ja gerade nicht um „Ja und Amen". Es geht diesem Gott um ein freies Gegenüber. Er will sich und seine Botschaft der Liebe in aller Gänze verstehbar kommunizieren. Und er nimmt anscheinend bewusst in Kauf, dass im Rahmen dieses Freiheitsverhältnisses von Mensch und Gott gut 75 % zu verpuffen drohen. Mit anderen Worten: Er setzt 100 % auf die Freiheit des Menschen und verzichtet auf Durchsetzbarkeit.

Gottes Botschaft ist von Form und Inhalt her das Gegenteil vom Nürnberger Trichter! Seine Liebe möchte den Menschen im Innersten erreichen und er hofft auf dessen *freie* Antwort.

DAS GLEICHNIS
VOM
SÄMANN
MT 13,1-23
BLA
BLA
BLA
BLA
ES WAR
...
... EINMAL ...
75%
25%
100%
FREIHEIT DES MENSCHEN !

Gleichnis vom Unkraut

16. SONNTAG IM JAHRESKREIS • MT 13,24–43

Die Gleichnisse in der Bibel sind oft Antworten auf die Fragen der Menschen. Und eine Frage, die uns immer wieder beschäftigt, ist die: Wieso soll ich mich um das Gute bemühen, wenn um mich herum Böses gedeiht und scheinbar gewinnt.

Heute haben wir gleich mehrere Gleichnisse in einem: das vom Feind, der Unkraut zwischen den Weizen sät, das vom kleinen Senfkorn und das Bild vom Sauerteig. Ausführlich deutet Jesus aber nur das erste: Kinder des Guten (Weizen) und Kinder des Bösen (Unkraut) leben (wachsen) zusammen. Lasst beides wachsen, reißt das Unkraut nicht heraus, sonst stirbt auch der Weizen. Erst am Ende wird Gott darüber richten.

Also, ja: Es gibt nervende Nachbarn, blöde Arbeitskollegen und richtig böse Menschen. Ich ärgere mich manchmal furchtbar über die Dummheit, Faulheit, Dreistigkeit, Überheblichkeit und Ungerechtigkeit anderer Menschen.

Aber mal ehrlich: Das Unkraut wächst ja nicht nur bei anderen, sondern auch in mir. Und manchmal ist es ziemlich schwierig, die Motive meines eigenen Handelns sauber zu unterscheiden. Eine Eigenschaft des Unkrautes ist, dass es dem Weizen sehr ähnlich ist. Und manchmal erkenne ich selbst erst am Ende, was richtig und gut oder eben nur gut gemeint oder sogar doch eher eigennützig war. Und wie viel Unkraut, Zweifel und Kritik säen wir eigentlich in unsere eigenen Beziehungen? Wie oft entmutigen wir andere, wenn sie das Gute wollen, sich für Gerechtigkeit einsetzen oder einen Traum haben?

Wir haben die Wahl, ob wir gute Saat oder Unkraut in unser eigenes und das Leben unserer Nächsten säen. Wir haben Verantwortung für das, was wir säen. Mit Unkrautsamen haben unsere Mitmenschen womöglich lange zu kämpfen und mit guter Saat können wir sie bestärken und ermutigen und Hoffnung und Frieden stiften.

Diesen Gedanken bestärken die beiden Bilder vom Senfkorn und vom Sauerteig: unsere Saat wirkt weiter. Das Bild vom Senfkorn zeigt das enorme Wachstumspotenzial des Himmelreiches auf. Wir schauen oft nur auf unsere momentane Situation und ahnen nicht, was daraus werden könnte. Ich weiß nicht, was all mein Mühen über Jahre hinweg in der Jugendarbeit bei Leuten bewirkt hat. Nur in ganz seltenen Fällen bekommt man mal Rückmeldung, was daraus geworden ist.

Sauerteig ist eine Alternative zu Hefe: es braucht nur wenig, um große Mengen durchzusäuern. Bei Hefe entsteht oft viel heiße Luft. Das ist auch lecker, nährt aber nicht so gut.

Während das Gleichnis vom Senfkorn also das sichtbare quantitative Wachstum von Gottes Reich veranschaulicht, zeigt uns das Gleichnis vom Sauerteig vor allem das qualitative Wachstum und die innere Veränderung. Gottes Reich wirkt wie ein Sauerteig und unsere kleinen Mühen können Großes bewirken.

UNKRAUT:
1.
MOTIVE
(UN-)KRAUT
SENFKORN
2.
#HIMMELREICH
WER OHREN HAT...
HÖRE!!
MT 13, 24-43
~VS.~
SAUERTEIG
3.
HEFE
-frisch-

Der Schatz im Acker

17. SONNTAG IM JAHRESKREIS • MT 13,44–52

Ich möchte euch heute von einem Kollegen erzählen, den ich über meinen Freiwilligendienst kennengelernt habe.

Dieser Kornelius ist 28 Jahre, hat nach seinem Freiwilligendienst unter anderem ein Sozialarbeitsstudium abgeschlossen und dann als Sozialpädagoge in einer Jugendeinrichtung gearbeitet. So weit, so gut. Vor etwa genau einem Jahr hat sich Konni entschlossen seinen Job zu kündigen und sein Erspartes zu nehmen, um vom südlichsten Punkt Europas bis ans Nordkap zu gehen. 8000 Kilometer quer durch den Kontinent, über 300 Tage unterwegs, sein ganzes gewohntes Umfeld, den Alltag aufgebend. Das warme Bett und die festen Wände gegen ein einfaches Zelt tauschend.

Irgendwie catcht mich das. Irgendwie finde ich das beeindruckend.

Im heutigen Evangelium erzählt uns Jesus auch von einem Mann, der alles aufgibt … der auf einem Acker etwas findet, das ihn nicht mehr loslässt. Dieser Mann ist so gefesselt davon, dass er sein ganzes Hab und Gut verkauft, um sich den Acker, auf dem er diesen Schatz gefunden hat, kaufen zu können.

Irgendetwas Unvergleichliches hat das Finden dieses Schatzes wohl bei dem Mann ausgelöst. Es entsteht wohl irgendeine Perspektive, eine Vision bei ihm, die alles verändert, denn wie sollte man es sich sonst erklären, dass er für diesen Schatz alles, was er hat, hergibt?

„Wer Visionen hat, der soll zum Arzt gehen!“ hat Altkanzler Helmut Schmidt mal gesagt. Vielleicht kann man aber auch genauso behaupten: „Wer keine Visionen hat, der soll zum Arzt gehen!“ Haben wir nicht alle Visionen? Sind nicht Visionen das, was uns im Leben antreibt? Das, was uns Energie gibt, etwas anzupacken?

Kornelius hatte wahrscheinlich auch so eine Vision. In seinem Podcast erzählt er davon, wie ihn die Idee dieser Tour umtreibt und nicht loslässt, wie er sich dadurch erhofft, große Lebensfragen beantworten zu können und sich mehr selbst zu verstehen.

Was verbindet Konni noch mit dem Mann aus dem Gleichnis? Sie belassen es nicht nur bei der Idee, der Vision. Der Gedanke bleibt nicht nur ein Gedanke. Nein, sie packen es an. Sie setzen es um. Und das ist nicht so einfach. Das ist mit viel Risiko verbunden. Das braucht Mut.

Möglicherweise will uns das auch das heutige Evangelium sagen. Es geht ums Anpacken, darum, etwas zu wagen. Und so wie ich das wahrnehme, bekommt man dann noch umso mehr zurück. Sozusagen ein Ermutiger-Gleichnis! Wagt euch aus eurer Deckung heraus!

In dem Gleichnis, so erzählt Jesus, ist das, was den Mann antreibt, ein Schatz … wahrscheinlich in einer Kiste mit vielen Münzen. Ganz schön kapitalistisch, könnte man jetzt denken … wenn einen nur das Geld antreibt …

Doch Jesus sagt ja auch: Das ist ein Gleichnis. Das steht für das Himmelreich!

... muss man halt auch immer dazuerklären. Denn so einfach ist es irgendwie gar nicht, das Himmelreich zu erkennen oder zu verstehen. Deswegen spricht Jesus ja überhaupt erst in Gleichnissen ... weil man es in anderen irdischen Kategorien gar nicht beschreiben kann.

Und er erklärt auch nicht ein einziges Gleichnis, sondern es sind etliche, um es den Menschen dann irgendwie schemenhaft verständlich zu machen, was es mit diesem Himmelreich auf sich hat.

Deswegen sollte auch niemand von uns erwarten, dass wir direkt verstehen, wie das mit dem Himmelreich jetzt läuft. Unabhängig davon können wir aber nachspüren, was uns unsere Visionen und Ideen sagen und wo sich uns Perspektiven eröffnen, und dann auch wirklich anfangen das umzusetzen. ... und damit vielleicht einen Funken Himmelreich erahnen.

Text: Simon Weniger (Pastoralassistent in Berlin)

Fünf Brote und zwei Fische

18. SONNTAG IM JAHRESKREIS • MT 14,13–21

Bevor die Kirche über Ressourcen-Knappheit klagt, könnte sie mal das Evangelium vom heutigen Sonntag aufschlagen.

Die Perikope von der wundersamen Brotvermehrung kennen wir alle: Jesus hat sich einen ganzen Tag lang um eine große Menschenmenge gesorgt und Kranke geheilt. Bis in den Abend hinein. Und jetzt? Alle hungrig wegschicken? Denn mal eben 5000 Menschen zu verpflegen erscheint doch eher unmöglich.

Heute würde man vielleicht eine Task-Force einsetzen, die dann ein solides Konzept erstellt, wie sich zukünftig ähnliche Situationen bewerkstelligen ließen. Das macht auch Sinn, vor allem bei großen Organisationen. Gleichzeitig besteht bei großem Planungseifer aber auch immer die Gefahr, sich allein im Planen zu verzetteln und die Hürde zum notwendigen Handeln zu vergrößern. Eine Erfahrung, die gegenwärtig auch viele Gemeinden machen. Hinzu kommt, dass wir in einer Zeit schneller Veränderungen leben und die Planungen von gestern morgen nicht mehr passen. Besonders kleine und junge Unternehmen setzen deshalb verstärkt auf Agilität, also auf kurze und schnelle Erprobungsdurchläufe, die weniger auf Perfektion, sondern vielmehr auf hohe Anpassungsmöglichkeiten und Flexibilität zielen.

Und dann gibt es noch die sogenannte „Effectuation"-Methode, die von vielen auch als „Kühlschrank-Methode" bezeichnet wird: Man schaut weniger auf das Ideal-Ziel, das man im besten Fall erreichen könnte (oder wenn ich beim Bild des Kühlschranks bleibe: das exquisite 5-Gänge-Menü), sondern überlegt kreativ, wozu sich die (beschränkt) vorhandenen Ressourcen bestmöglich nutzen ließen. Bei meinem Kühlschrank ergibt sich dann sicher nicht ein Menü nach Rezept, dafür aber inspirieren mich die Zutaten zu neuen und unverhofften Kreationen (und: Sind nicht alle guten Rezepte eher aus Zufällen entstanden?).

Wenn also Jesus von seinen Leuten im Evangelium empfohlen wird, die Menschen wegzuschicken, da eben im Moment nur 5 Brote und 2 Fische vorhanden sind, ist das zum einen sicherlich verantwortungsvoll und eine realistische Einschätzung.

Umso mehr fasziniert mich die unkonventionelle Reaktion Jesu, die Leute *nicht* wegzuschicken, sondern mit den vorhandenen Mitteln das Bestmögliche zu versuchen. Eine völlig neue und vor allem hoffnungsstiftende Einstellung. In der Begrifflichkeit agilen Denkens könnte Jesus als Scrum-Master betitelt werden, der einen Lösungsprozess initiiert.

Bemerkenswert an der Textstelle finde ich immer, dass überhaupt ein Jünger mit so wenig in den Händen dennoch auf Jesus zugeht. In welchem Unternehmen würde sich jemand trauen, einen so unsinnigen und naiven Vorschlag dem Chef zu unterbreiten? Jesus schien dagegen eine Haltung zu verkörpern, die Offenheit, Fehlerfreundlichkeit und Vorbehaltlosigkeit ausstrahlte. Ein „Scrum-Master“, der auf Entwicklung und Potential setzt anstatt auf reine Orthodoxie – und vor allem auf Eigenständigkeit, Selbstbestimmung und Selbstverantwortung. Ein Master, der fördert statt herrscht. Ein Meister, der Menschen einiges zutraut, wenn er sagt: „Gebt ihr ihnen zu essen.“

Von Jesus können wir lernen, dass am Ende mehr bei rauskommt (und das sogar in Fülle), wenn wir offen, agil und fördernd miteinander umgehen.

Jesu Gang auf dem Wasser

19. SONNTAG IM JAHRESKREIS • MT 14,22–33

Jesus geht über das Wasser. Das ist eines der „wunder"-schönsten Bilder der Bibel. Und dieses Wunder hat Menschen seit jeher fasziniert. Ich würde sagen: Es ist schon erstaunlich und wirklich wunderbar, wie Jesus über all der erlebten Bedrohlichkeit steht (und übers Wasser geht, das anderen bis zum Hals steht). Und dass auch Petrus dazu in der Lage war – zumindest eine gewisse Zeit. Aber kommen wir zurück zur Bibelstelle:

Die Jünger sind auf den See hinausgefahren. Nein, genauer: Jesus „drängte" sie, an das andere Ufer vorauszufahren. Das klingt ein bisschen wie Erziehung zur Selbständigkeit. Vermutlich sollten sie nicht ewig an seinem Rockzipfel hängen, sondern eigenständiger und selbstbewusster werden. Dann ein Unwetter oder Sturm. Zumindest sind die Wellen plötzlich so hoch, dass das Schiff zu kentern droht. Jeder vernünftig denkende Mensch würde sehen, dass er „Land gewinnt" und ans Ufer zurückkommt. Jesus dagegen geht auf den See hinaus. Ja, er geht über das Bedrohliche, als könnte es ihm nichts anhaben.

Woher dieser unbezwingbare Mut? Woher diese Gewissheit?

Jesus spricht es selber aus: „Habt Vertrauen und fürchtet euch nicht!" – weil er, die Mensch gewordene Liebe Gottes, da ist und immer da sein wird. Wie schon vor aller Zeit und auch über alles Endliche hinaus. Es ist die Zusage des Gottes Israels, den Bund und Rahmen zu halten, egal, was auch immer passieren mag. Es ist die Kraft, die Jesus auch angesichts seines drohenden Todes nicht zurückschrecken lässt, seine Liebe zu leben.

Petrus möchte das auch – so furchtlos trotz aller Bedrohung zu sein. Und tatsächlich gelingt ihm das – zumindest für kurze Zeit – nach dem ermutigenden Wort Jesu: „Komm!" Petrus fühlt sich getragen von dem Vertrauen, das Jesus in ihn gelegt hat – bis der Zweifel und die Angst zurückkehren.

Mir zeigt die Erzählung, dass Vertrauen nicht auf Knopfdruck gelingen kann. Es braucht Zutrauen, aber auch die Gewissheit, dass es gut gehen wird. Und angesichts der Szene, in der Jesus dem unterzugehen drohenden Petrus rettend die Hand reicht, kommt mir das Bild vom Fahrradfahren-Lernen: die Eltern, die schützend und auffangend dem Schützling hinterherrennen, und die ein oder andere Schürfwunde, die dennoch entsteht. Aber vor allem das großartige Gefühl der sich einstellenden Balance und Sicherheit, die plötzlich da ist, aber doch nur im Tun erlernt werden kann.

Deshalb passt es sehr gut, dass Jesus zu Beginn die Jünger drängt, vorauszufahren. Er wirft sie nicht ins kalte Wasser, aber er möchte sie lehren, unabhängiger und mutiger zu werden. Keine dummen Schäfchen, sondern selbstbewusste Menschen, die sich nicht von Bedrohungen einschüchtern lassen.

DER GANG JESU
MT 14, 22-33
ÜBER DAS WASSER
KOMM!
ZWEIFEL
ANGST

Der Glaube der „heidnischen Frau"

20. SONNTAG IM JAHRESKREIS • MT 15,21–28

Das Evangelium klingt erstmal verstörend und ausgrenzend: Da kommt eine Frau in einer echten Notlage: Ihre Tochter ist sterbenskrank und dieser sagenumwobene Jesus ist ihre letzte Hoffnung. Doch wie reagiert dieser? Erstmal abweisend – für sie sei er nicht zuständig. Er wurde zum Volk Israel gesandt!

Wir wissen, dass sich die „Zuständigkeit" Jesu enorm geändert hat. Aber für die ersten Christ*innen war es lange Zeit ein Streitthema, ob der jüdische Glaube nicht eine erforderliche Voraussetzung sei. Und diese Neuausrichtung, dass Jesus „für alle" gekommen sei, dürfte der Grund für die heutige Perikope sein. Matthäus macht deutlich, dass Gott sich in Jesus natürlich primär seinem Volk Israel geoffenbart hat. Angesichts Jesu Handeln merkt man aber schnell, dass es keinen Exklusivanspruch auf Jesus geben kann. Und zweitens, dass sich Gott in Jesus als einer gezeigt hat, der mit den Menschen auf Augenhöhe sein will.

Letzteres zeigt sich in dem forschen und mutigen Auftreten der sogenannten „heidnischen" Frau. Sie diskutiert mit Jesus, fordert ihn heraus, stellt ihn zur Rede. Bemerkenswert ist, dass Jesus dieses selbstbewusste Auftreten als „Glaube" bezeichnet. Er sagt: „Frau, dein Glaube ist groß. Es soll dir geschehen, wie du willst." Und weiter heißt es: „Und von dieser Stunde an war ihre Tochter geheilt."

Für die Jünger dagegen war die Frau nur lästig und sie baten Jesus, sie wegzuschicken. Dieses Verhalten der Jünger führt mich zu meinem erstgenannten Punkt: dem Exklusivanspruch. Natürlich gibt uns das Gewohnte Orientierung und Sicherheit – auch in der Kirche. Aber wir dürfen uns durchaus fragen, ob wir es uns mittlerweile nicht etwas zu gemütlich gemacht haben: Die kirchlichen Gruppen und Kreise sprechen eine sehr einengende und auch ausgrenzende Milieusprache. Und kirchliches Engagement soll vor allem in *bestehenden* Strukturen erfolgen. Nach dem Motto: *Mitmachen* darf jede und jeder.

Und nicht zuletzt: Ist tatsächlich nur innerhalb kirchlicher Strukturen Heil erfahrbar (man muss hinzufügen: neben manchem Unheil!)? Ist wirklicher Glaube – wie bei der Frau im Evangelium – nicht auch (oder vielleicht: sogar eher) außerhalb der Kirche anzutreffen? Welche Bedeutung hat dieses Evangelium für eine etablierte und austrocknende Kirche?

Im Evangelium gibt Jesus zunächst keine Antwort auf die Hilferufe der Frau. Wir haben heute auch keine eindeutige Antwort. Das sollte uns aber nicht zu einem „einfach weiter wie bisher" verleiten. Das Schweigen Jesu kann ich aber als Aufforderung deuten, unnachgiebig zu bleiben, mit Gott zu ringen und den Glauben abseits des Altbewährten neu zu entdecken.

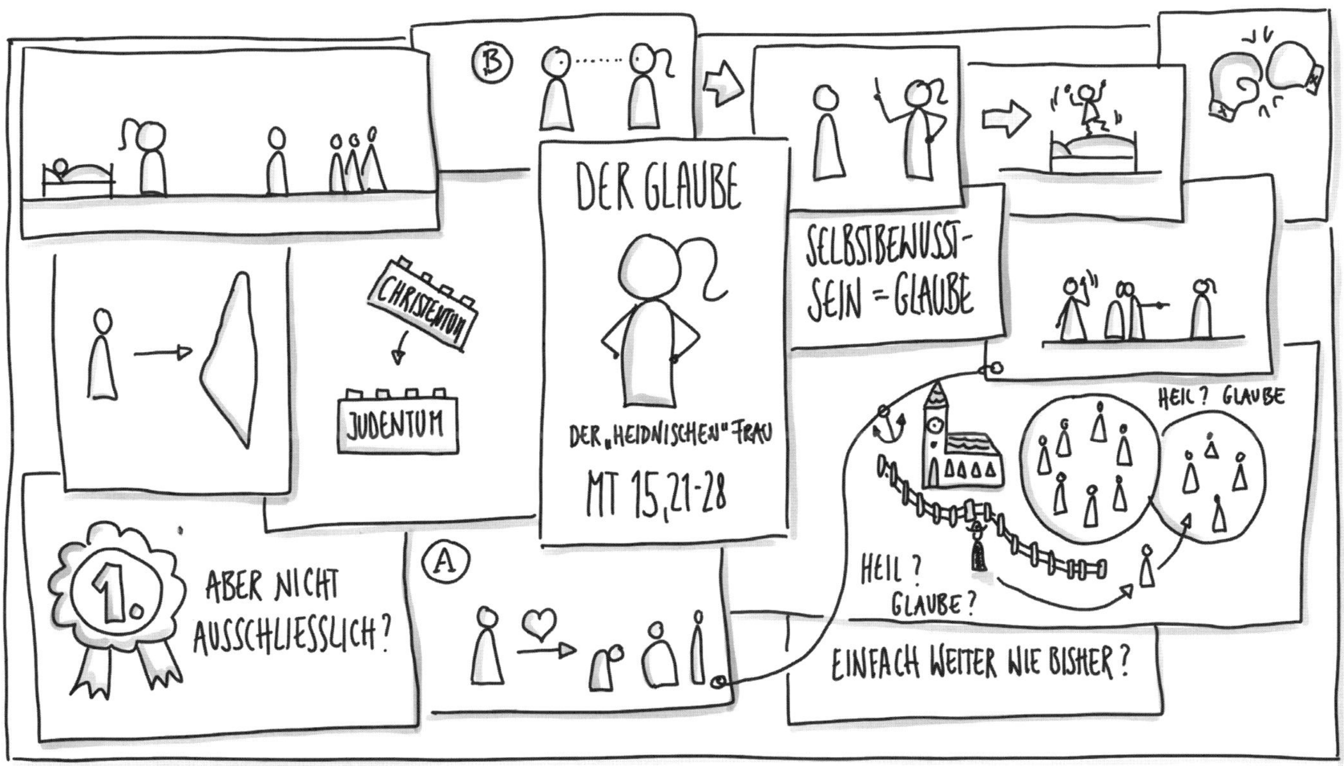
B
CHRISTENTUM
JUDENTUM
DER GLAUBE
DER „HEIDNISCHEN" FRAU
MT 15,21-28
SELBSTBEWUSST-SEIN = GLAUBE
HEIL ? GLAUBE
HEIL ?
GLAUBE ?
1.
ABER NICHT AUSSCHLIESSLICH ?
A
EINFACH WEITER WIE BISHER ?

Petrus, der Fels

21. SONNTAG IM JAHRESKREIS • MT 16,13–20

Wenn ich mich früher auf Partys als Student der Theologie outen musste, wurde ich zu 90 % unmittelbar darauf gefragt: „Glaubst du an den Papst?" Nach zwei, drei Bier sitzt zwar die Zunge etwas lockerer, aber ich fand es immer mühsam, mich bzw. das Papstamt zu rechtfertigen. Warum soll ich auch schönreden, was alles im Namen dieses Amtes zu Unrecht getan wurde? Und gleichzeitig bin ich sehr dankbar dafür, dass es dieses Amt – oder besser: diesen Dienst – gibt: eine Art Mediator und Vermittler höchsten Grades!

Aber jetzt erstmal zur Bibelstelle:

Jesu Auftreten muss sehr beeindruckend und prophetisch gewesen sein, dass ihn die Menschen mit ebenso beeindruckenden Glaubenszeugen identifizierten: Johannes, Elija, Jeremia. Nun ja, Menschen ziehen gerne Vergleiche zu bekannten Mustern, um etwas Neues besser einordnen zu können. Der Konstruktivismus sagt: Wir konstruieren ständig unsere Weltsicht – um handlungsfähig zu bleiben. Und wir tun das auf Grundlage unseres bisherigen Verstehenshorizonts.

Petrus hat erkannt, dass dieser Jesus bisherige Deutungen übersteigt. Auf die Frage „Für wen haltet Ihr mich?", gibt er die Antwort: „Du bist Christus, der Sohn des lebendigen Gottes." Petrus antwortet als einer, der die Relativität allen Redens und Deutens begriffen hat. Petrus öffnet sich einer größeren, ihn selbst übersteigenden Wirklichkeit. Er bindet sich nicht an seine vermeintliche Einsicht, Frömmigkeit oder seinen beschränkten Intellekt (die Bibel skizziert Petrus ja als einen sehr durchschnittlichen und eben nicht sehr herausragenden Menschen). Petrus akzeptiert, dass alles Meinen und Denken – vor allem in Bezug auf jemand anderen – immer sehr bedingt und subjektiv ist.

„Selig bist du, denn nicht Fleisch und Blut haben dir das offenbart, sondern mein Vater im Himmel." (Wohlgemerkt: Diese „Offenbarung" verstehe ich nicht als direkte Einwirkung. Vielmehr ist Petrus dieses Denken klar geworden angesichts Jesu Handeln für die Menschen). Ignatianisch könnte man sagen: Gott ist immer größer. Deus semper maior est! Oder auch ganz profan mit Max Frisch: „Es ist bemerkenswert, dass wir gerade von dem Menschen, den wir lieben, am wenigsten aussagen können, wie er sei. Wir lieben ihn einfach. Und das ist das Wunderbare an der Liebe, dass sie uns in der Schwebe des Lebendigen hält!"

Das Bekenntnis des Petrus ist die Rückbindung aller Deutungen und Zuschreibungen bzgl. Jesu auf den lebendigen Gott selbst, der nun mal nicht dingfest gemacht werden kann. Wenn dieses Bekenntnis der Felsen der Kirche ist, dann ist es die Aufgabe und der großartige Dienst (und Verdienst) des Petrus bzw. des Papstes, alles Reden und Handeln an diesen je größeren Gott rückzubinden (lat. „religio").

Das macht den Papst weniger zum Aufseher oder Schiedsrichter, sondern eher zum Einheitsstifter. Er ist wie jeder Bischof Brückenbauer (episcopos): weil er Streitende daran erinnert und ermutigt, aus den selbstkonstruierten Denkschablonen auszubrechen. So wird er zum Diener einer Einheit, die natürlich wesentlich komplexer, aber dafür viel lebendiger ist als eine Einheitlichkeit.

Jesus ermutigt zu dieser komplexen Einheit, indem er verspricht, dass das Wagnis zu so viel Freiheit dennoch nie vom Chaos und von der Macht der Unterwelt überwältigt werden kann.

Ich setzte also weiterhin meine Hoffnung in den Papst und kommende Päpste!

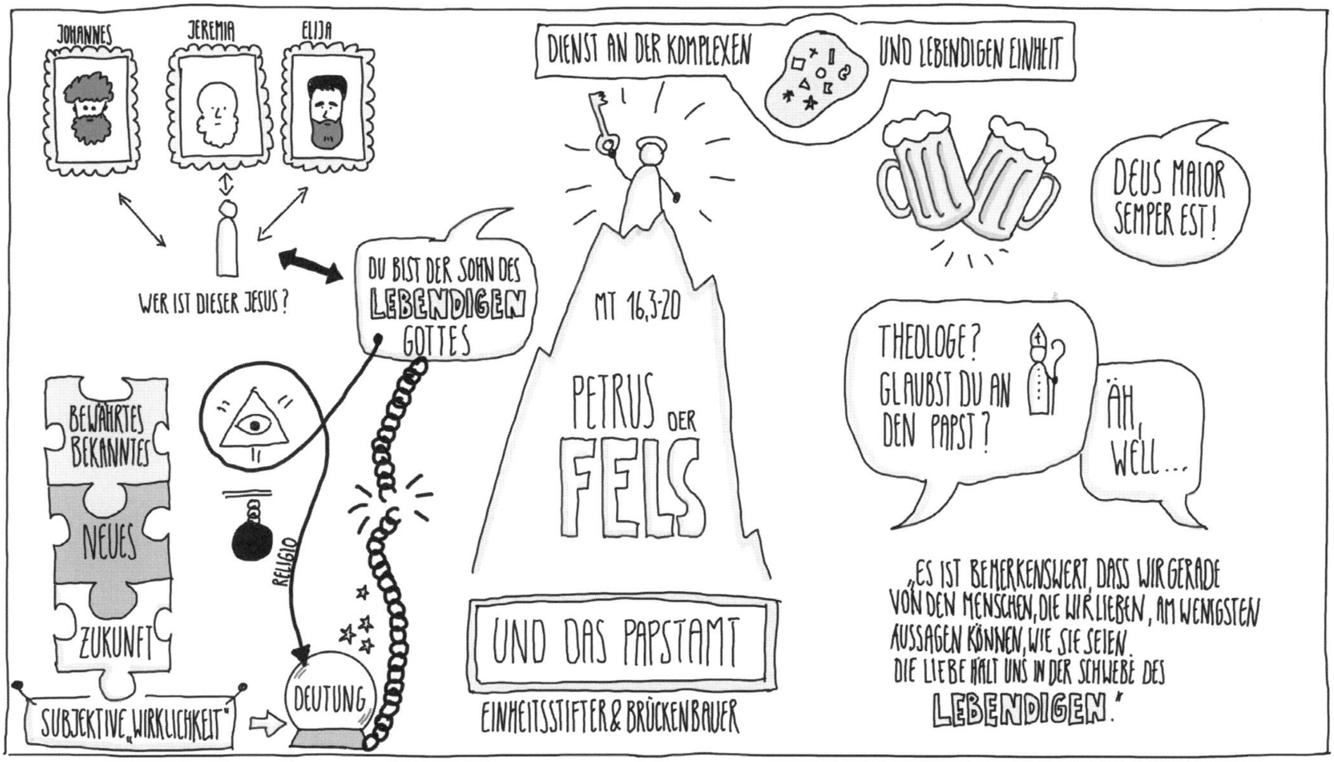

Der Preis der Freiheit

22. SONNTAG IM JAHRESKREIS • MT 16,21–27

Letzten Sonntag wurde Petrus nominiert für „den Felsen der Kirche". Heute schleudert ihm Jesus ein „Satan, weiche von mir" zu, nachdem Petrus nicht zulassen will, dass Jesus getötet werden wird.

Wie konnte das passieren? Ich finde die Reaktion von Petrus durchaus nachvollziehbar. Schließlich hat Jesus angekündigt, dass seine Botschaft und sein Leben letztlich zum Tode führen wird!

Ich meine: Wir setzen alles daran, dass das, was uns wichtig und lieb ist, nicht zunichtegemacht wird! Vielleicht würden wir nicht sagen: Der Zweck rechtfertigt die Mittel! Aber wenn es ums Eingemachte geht, gar um Existenzen, dann ist es allzu menschlich, um jeden Preis das Bedrohliche zu verhindern.

Um jeden Preis? Um jeden Preis! Und genau so radikal zeigt sich Gott in diesem Jesus: als Liebe um jeden Preis. Der entscheidende Unterschied jedoch ist, dass dieser Gott selbst bereit ist, den Preis zu bezahlen. Menschlich nachvollziehbar dagegen wäre ein Engagement nach dem Motto: „koste es, was es wolle" – allerdings eben auf Kosten anderer für die eigenen Ideale oder das eigene Leben. „Man muss sich selbst auch mal der Nächste sein, sonst geht man am Ende bei drauf!"

Angesichts dieser ganzen Zahlungs-, Preis- und Kostenmetaphern lässt sich übrigens ein möglicher Zugang zu der mittelalterlichen Lösegeldsprache und Opfertheologie freilegen, die für sich genommen heute nicht wirklich sinnvoll erscheint. Damals spiegelte sie den gängigen Denkhorizont wider, weil sie an der Lebenswelt der Menschen, am Lehnswesen, anknüpfte.

Heute würde ich Gottes Botschaft, also sein bedingungsloses Leben für die Menschen, als „Preis der Freiheit" umschreiben: Wenn Liebe bedeutet, Menschen wachsen und frei werden zu lassen, dann kann das nur gelingen, wenn ich bereit bin, den Preis der Freiheit zu bezahlen: also selber zurückzustehen, damit anderen mehr Raum, mehr Freiheit, mehr Selbstbestimmung möglich wird. Das ist der Preis, den sie gewinnen durch den Preis, den ich zu zahlen bereit bin. Und jede und jeder, der schon einmal Liebe, Freude oder Hoffnung geschenkt hat, weiß, dass dieser Preis mitunter selbst reich macht, aber ebenso auch komplett ausgenutzt werden kann. Das ist das Risiko der Freiheit und der Liebe.

Die Zurechtweisung Jesu macht eines klar: Liebe rechtfertigt nicht jedes beliebige Mittel. Liebe ist sich selbst Kriterium. Sie geht unbedingt ihren Weg und lässt sich nicht durch Gewalt aufhalten. Aber gerade darin erweist sie sich ja als wirkliche Liebe und in dieser Unbedingtheit zeigt sich dieser Gott als einer, der es ernst meint mit dieser Liebe. Indem er sie lebt. Bis zum Ende. Anders gesagt: Gott ist für uns gestorben bedeutet genauso sehr: Gott hat seine Liebe bis ins Äußerste für die Menschen gelebt. Zum Preis der Freiheit!

Das ist schon paradox! Und dennoch nachvollziehbar.

STOP
ZWECK
MITTEL
„SATAN, WEICHE VON MIR"
ABER DAS SOLL GOTT VERHÜTEN!
MT 16,21-27
MITTELALTERLICHES LEHENSWESEN
OPFER & LÖSEGELD
LOSKAUF VON SCHULD(EN)
PREIS DER FREIHEIT
FREIHEIT
IST SICH SELBST KRITERIUM!
GOTT HAT IN JESUS SEINE LIEBE BIS INS ÄUSSERSTE GELEBT
RISIKO DER FREIHEIT

Konstruktiv streiten

23. SONNTAG IM JAHRESKREIS • MT 18,15–20

Ein paar Tipps für konstruktives Streiten gefällig? Das Sonntagsevangelium liefert heute praktische Life-Hacks!

Wenn man seinem Ärger mal so richtig Dampf machen und möglichst viel Bestätigung aus der eigenen Bubble bekommen will, hängt man seinen Unmut am besten an die große Glocke. Über Facebook, Twitter oder Insta geht das hervorragend. Ebenso gut aber auch auf Podien oder in Gremien. Es ist ein probates und erfolgversprechendes Mittel, eigene Interessen durchzusetzen und ordentlich Stimmung bzw. Anti-Stimmung zu machen!

Als Grund dafür habe ich eben den Unmut genannt. Und genau das ist es auch: Un-Mut. Ein mutiges Vorgehen würde anders aussehen. Es würde den direkten Kontakt suchen: nachfragen, ob ich tatsächlich alles richtig verstanden habe, usw. Auch wenn die Bibel hier von „zurechtweisen" spricht, es ist der entscheidende Unterschied, Missverständnisse ehrlich und deshalb Face to Face zu klären. Und dazu gehört eine Menge Mut! Schließlich verzichte ich auf Stimmungsmache und lasse mich auf Augenhöhe mit der anderen Meinung konfrontieren.

Mutig ist es ebenfalls, sich Unterstützung zu holen, falls das direkte Gespräch keinen Erfolg hatte. Nicht unbedingt, um mehr Rückhalt für die eigene Sichtweise zu bekommen, sondern um das Gespräch moderiert zu bekommen, damit gegenseitiges Hören und Verstehen-Wollen wieder möglich wird. Also immer noch kein Freibrief zum Shit-Storm.

Den gibt es übrigens auch dann nicht, wenn selbst diese Form scheitert. Ein Öffentlichmachen, hat für Jesus nicht die Diffamierung zum Ziel – eher Transparenz und Klarheit. Wie anders sollte ich sonst den Paulusbrief in der heutigen Lesung verstehen, wenn er schreibt: „Niemandem bleibt etwas schuldig, außer der gegenseitigen Liebe! Die Liebe tut dem Nächsten nichts Böses. Also ist die Liebe die Erfüllung des Gesetzes" (Röm 13,8.10). Und ähnlich geht es auch im Matthäusevangelium weiter: Jesus rät, unendlich zu vergeben, und das von Herzen!

O.K., ich geb zu: Jetzt ist die Latte wieder ziemlich hoch, vielleicht zu hoch gehängt. Aber der Hinweis Jesu ist ziemlich alltagstauglich: nicht feige sein und andere öffentlich bloßstellen. Sondern mutig werden, auf andere zugehen – vielleicht mit Unterstützung – und um gegenseitiges Verständnis ringen.

Ich finde, das sind hilfreiche Anregungen. Erstmal innerlich kurz durchatmen – statt gleich Luft abzulassen! Am Ende des Evangeliums wird das übrigens sehr schön mit dem Wort „ein-*mütig*" ausgedrückt.

Life Hacks
MT 18, 15-20
TIPPS AUS DER
BIBEL
HEUTE: STREITKULTUR & KOOPERATION
UN-MUT
UN-MUT
STIMMUNG
INTERESSE
1
2
3
?
!
AHH!
ACH SO!
TRANSPARENZ
KLARHEIT
EINMÜTIG

Vergeben? Echt jetzt?

24. SONNTAG IM JAHRESKREIS • MT 18,21–35

Ich hatte es im letzten Video bereits angedeutet: An diesem Sonntag wird im Evangelium die Latte ziemlich hoch gehängt. Vielleicht sogar zu hoch, so dass man völlig entmutigt wird, entsprechend zu handeln?

Aber erstmal zum Text: Petrus fragt Jesus, wie oft man eigentlich einander vergeben müsse. Und er selbst ahnt schon, dass die Maßstäbe Jesu andere sind als üblich. Überhaupt zu vergeben, wenn man Unrecht erfahren hat, ist schon eine Herausforderung. Und deshalb überrascht die Mutmaßung des Petrus, wenn er weiterfragt: „Bis zu siebenmal?“ Wir kennen die Antwort Jesu: „Bis zu siebzigmal siebenmal!“

Und dann folgt das Gleichnis vom König und vom Knecht, der unvergleichlich hoch verschuldet ist. Nach etwas Hin und Her erlässt der König ihm dann doch die komplette Schuld. Der Knecht aber bleibt gegenüber seinen eigenen Schuldnern hart.

Dieses ziemlich plastische Gleichnis macht deutlich: Das siebzigmal Siebenmal stellt alles Aufrechnen in Frage. Es ist keine verschärfte Moralkeule, kein Druckmittel und keine Ideologie. Vor allem ist es keine zu hoch gelegte Latte. Denn es geht nicht um heroische Taten, sondern um eine Haltung und Einstellung, die sich im normalen Handeln, jeden Tag, siebzigmal siebenmal zeigt.

Deshalb ist die Antwort Jesu irgendwie auch anarchisch und subversiv: „Macht einfach nicht mehr mit bei den herrschenden Denkmustern des Aufrechnens. Ihr würdet eh nur enttäuscht sein! Widersetzt euch und handelt entgegen aller Erwartung!“ Der Glaube an einen unendlich vergebenden Gott macht eine solche Einstellung möglich. Denn alles Pochen aufs eigene Recht wirkt angesichts dieser größeren Perspektive „erbärmlich“ oder besser: knauserig und kleinkariert.

Im Ersten Testament schreibt Jesus Sirach in der heutigen Lesung:

„Ein Mensch verharrt gegen einen Menschen im Zorn,
beim Herrn aber sucht er Heilung?
Mit einem Menschen gleich ihm hat er kein Erbarmen,
aber wegen seiner Sünden bittet er um Verzeihung?
Grolle dem Nächsten nicht,
denk an den Bund des Höchsten
und übersieh die Fehler!“

Die Latte ist nicht zu hoch gehängt. Vielleicht sollten wir sie sogar noch etwas höher hängen, damit uns die Maßstäbe wieder bewusst werden, mit denen wir selber messen. Die Latte, also den Maßstab, sollten wir wieder an Gott zurückbinden – religio, Religion –, damit uns immer wieder neu die Borniertheit unseres kleinkarierten Denkens bewusst wird.

MT 18,21-35
70x
7x
VERGEBEN
7
MONTAG
6
SONNTAG
5
NO!
Statt
?
7x?
70x
7x
≠490
ICH VERKAUFE DICH MIT FRAU & KIND!
OK!
GNADE!
ZAHLTAG
GNADE!
10.000
100
MORALKEULE

Die Arbeiter im Weinberg

25. SONNTAG IM JAHRESKREIS • MT 20,1–16

Ich weiß, dass viele Menschen dieses Gleichnis ärgerlich finden, ja sogar ungerecht. Und unter wirtschaftlichen Gesichtspunkten wäre es desaströs.

Aber von welchem Gleichnis rede ich überhaupt? An diesem Sonntag steht das Gleichnis von den Arbeitern im Weinberg auf der Agenda. Arbeiter, die zu unterschiedlichen Zeiten angeworben werden, entsprechend unterschiedlich lange arbeiten, am Ende aber alle denselben Lohn erhalten.

Ziemlich ungerecht. Und dennoch liebe ich dieses Gleichnis! Warum? Weil es so wunderbar deutlich macht, dass sich Handlungen wie Glaube – oder noch besser: Liebe – nicht quantitativ beziffern lassen. Es gibt hier keine Skala der Intensität und entsprechend lassen sie sich auch nicht aufrechnen oder gegenrechnen. Es gibt bei Glaube und Liebe einfach kein Kalkül!

Genau deshalb frage ich mich auch, warum sich so lange ein Denken im Christentum halten konnte, das spätestens mit Kaiser Konstantin seinen Anfang nahm: „Do ut des. Ich gebe, damit du gibst." Gott als Tauschpartner, der sich durch menschliche „gute Werke" umstimmen ließe. Der Gedanke, dass ich mir selbst durch mein Handeln Heil verschaffen oder noch genauer: verdienen kann, ist mir suspekt. Das ist das, was Luther einst zu Recht mit Werkegerechtigkeit angeprangert hat. Ein Investment aus und zum eigenen Nutzen. Aus Kalkül. Das kann doch nicht Inhalt des Christentums sein.

Im übertragenen Sinn: Was wäre das für eine Liebe, die zuerst den eigenen Nutzen und nicht die geliebte Person sucht? Sobald Kalkül (zum eigenen Vorteil) ins Spiel kommt, gerät man doch sofort in den Widerspruch von Liebe?!

Und außerdem: Lieben kann man doch nicht „zum Teil" oder „ein bisschen", sondern nur entweder ganz oder gar nicht. Der Gutsbesitzer im Gleichnis gibt allen den *vollen* Lohn. Egal wie wenig oder viel sie gearbeitet haben. Eben geschenkt – aus Liebe.

Bleibt da noch die gefühlte Ungerechtigkeit. Die entsteht meiner Meinung nach aber erst durch den Gedanken, dass diese Liebe gezielt ausgenutzt werden könnte. Ja, das stimmt. Liebe kann ausgenutzt werden. Dieses Risiko geht die Liebe ein. Sie kann gar nicht anders. Es ist das Risiko, das sie sogar eingehen *muss*, um tatsächlich Liebe zu sein. Denn sonst wäre sie – wie vorhin erwähnt – allenfalls Kalkül.

Das Gleichnis eignet sich also nicht als Staatsideologie oder Wirtschaftssystem. Es ist das Versprechen Gottes, dass seine Liebe voll und uneingeschränkt gilt – für alle und unbedingt. Wer diese Liebe ausnutzen will, verkalkuliert sich vermutlich. Er oder sie mag sich einen Vorteil verschaffen, aber von der Liebe selbst wird dann nichts spürbar sein. Und umgekehrt: Wer sich geliebt weiß, fühlt sich ermutigt zu den größten Taten und handelt *aus* Liebe.

Um es mit Dietrich Bonhoeffer zu sagen: Es geht nicht um eine „billige Gnade“, die einen Menschen träge, ausnutzend und selbstgenügsam werden lässt. Wer sich ohne Eigennutz beschenken lässt, handelt selbst aus Liebe, ohne Kalkül, für das, was Menschen „lieb und teuer“ ist. Für andere.

In den Weinberg gehen

26. SONNTAG IM JAHRESKREIS • MT 21,28–32

Heute geht es mal wieder um ein Gleichnis. Gleichnisse drücken Inhalte in Bildern aus, die nicht direkt mit der Sache zu tun haben, sondern wie auf einer Metaebene über sie sprechen. Hier wird also über die Arbeit im Weinberg gesprochen, aber gemeint ist diese Sache mit Gott, dem Glauben, der Religion. Wer also in den Weinberg geht, dem liegt die Sache mit Gott irgendwie am Herzen. Und Jesus erzählt dieses Gleichnis den Hohepriestern, Schriftgelehrten und Ältesten. Er erzählt es also den Frommen. Leuten, die man eigentlich nicht fragen muss, ob sie in den Weinberg gehen oder ihnen die Religion am Herzen liegt. Ja, selbstverständlich! Jesu Zuhörer sind Religionsexperten, Leute, die Ja zu Gott sagen und dieses Ja sogar öffentlich repräsentieren. Und dementsprechend trifft Jesu indirekte Nach-Frage, die auch jeden von uns heute meint, mitten ins Schwarze: Wie ist denn das bei dir? Bist du eigentlich schon in den Weinberg gegangen? Liegt dir deine Religion, dein Glaube, liegt dir diese Sache mit Gott eigentlich am Herzen? Was bedeutet dir persönlich das Christentum eigentlich?

Das Gleichnis erzählt ganz nüchtern, dass ein Vater seine zwei Söhne fragt, ob sie zur Arbeit in den Weinberg gehen. Der eine Sohn sagt brav ja – geht aber nicht. Und der andere Sohn, weniger brav, sagt direkt: Nö, mache ich nicht. Ich gehe nicht in den Weinberg. Nein, ich hab mit Religion, mit Gott nichts am Hut. Und mit der Kirche auch nicht. Die beiden Brüder unterscheiden sich nicht einfach durch Tun oder Nicht-Tun. Es ist etwas anderes, Tieferes, was der eine Sohn dem anderen voraushat und von dem ein ganz wichtiger kleiner Satz erzählt: Danach, also später, reute es ihn. Der Sohn sagt heute Nein. Später – Stunden, Tage, vielleicht Jahre oder Jahrzehnte später – reut es ihn und er beurteilt die Situation neu. Es ist dieses In-sich-Gehen. Das Nachdenken. Nachdenken über das eigene Leben und bereit sein für Veränderung. Ich verstehe Jesu Gleichnis als Einladung zur Nachdenklichkeit. Zu einem Gang in die Tiefe des eigenen Lebens. In das Verborgene und auch in das Ungelebte. „Die verborgene und verbotene Zone des Heiligen", so nennt der Theologe Manfred Josuttis den Weinberg, diese Sache mit Gott. Das griechische Wort für bereuen heißt: meta-melein. Darin steckt die Meta-Ebene. Und melos, der Schmerz. Auf einer Metaebene das eigene Leben zu bedenken, das kann wehtun. Nachdenken über das eigene Leben, wie es war, wie es ist, wie es sein könnte. So manche Lebenseinstellung kommt so selbstverständlich daher, dass es fast schon verboten erscheint und manchmal auch wehtut, ein Fragezeichen zu setzen oder unter die Oberfläche, ins Verborgene zu schauen. Und es geht sogar noch weiter, denn Jesus sagt: Wahrlich, ich sage euch: Die Zöllner und Huren kommen eher ins Reich Gottes als ihr. Leute also, die Nein zu einem anständigen

Leben zu sagen scheinen – ausgerechnet sie werden den Frommen als Beispiel vorgehalten; denn: Sie haben sich bewegen lassen, sind ins Nachdenken gekommen und in die Tiefe gegangen.

Kurz gesagt heißt das also: Liebe Jünger, wenn ihr euch eure Religion zu Herzen gehen lassen wollt, nehmt euch ein Beispiel an den Zöllnern und Huren und schaut hin, wie die ins Nachdenken gekommen sind.

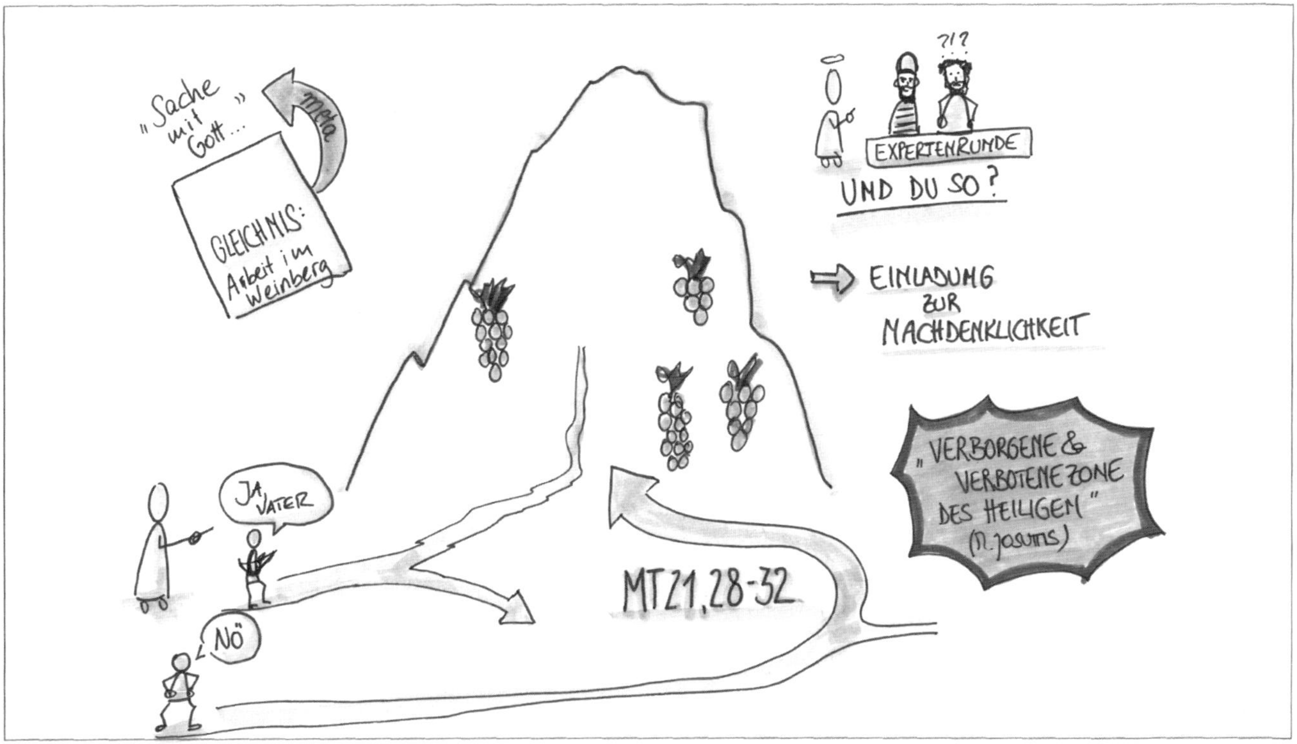

Weinberg zum Dritten

27. SONNTAG IM JAHRESKREIS • MT 21,33–44

Das Evangelium von den Pächtern im Weinberg macht mich – ehrlich gesagt – ein bisschen „wuschig“. Besonders die Rede von dem Stein, der verworfen wurde und nun zum Eckstein wird.

Aber erstmal zurück auf Los: Das Gleichnis, das Jesus (wieder einmal vom Weinberg) erzählt, ist an sich sehr anschaulich: Ein Gutsbesitzer legt einen Weinberg an und verpachtet ihn an Winzer. Zur Erntezeit will er durch Knechte die Früchte holen lassen. Die Winzer wehren sich und bringen die Knechte sogar um. Der Besitzer startet einen zweiten Versuch mit noch mehr Knechten – und wieder werden alle umgebracht. Jetzt setzt er auf „alles oder nichts“: Er schickt seinen Sohn – und verliert alles! Weil auch dieser getötet wird.

Als Jesus seine Zuhörer, die Hohepriester und Ältesten des Volkes, fragt, wie der Gutsbesitzer wohl reagieren werde, antworten diese menschlich nachvollziehbar: „Er wird diese bösen Menschen vernichten und den Weinberg an andere Winzer verpachten.“

Bis hierhin ist das Gleichnis – bis auf die Anfangsszene – rein destruktiv: Es geht um Vernichtung und Macht – selbst die Antwort der Zuhörer bleibt in dieser zerstörerischen Trance gefangen: Die terrorisierenden Winzer gehören vernichtet! Eine Wende tritt erst ein, als Jesus den Psalm 118 zitiert: der Stein, den die Bauleute verworfen haben. Der ist zum Eckstein geworden. Das, was zunichte- und vernichtet werden soll, wird zum Zentrum, zur neuen Basis.

Schönes Sehnsuchtsbild. Aber wie denn genau soll das funktionieren?

Jesus stellt mit seinem Gleichnis die Gefährlichkeit von Macht und die Tödlichkeit von Gier ganz eindrücklich vor Augen. Ganz plastisch, schonungslos – aber: (und das ist entscheidend) nicht lähmend, sondern öffnend auf Handlungsalternativen.

Es braucht wohl die selbstkritische Einsicht und das Erschrecken vor sich selbst, wenn sich Veränderung einstellen soll: manche Cleverness entpuppt sich dann als reiner Betrug. Und auch der „liebe Gott“ als immer verzeihendes Ruhekissen hat ausgedient. Denn Gott relativiert nach dieser Bibelstelle nicht das zerstörerische Verhalten von Menschen, aber: er nagelt eben auch niemanden darauf fest. Ein reflektiertes Schuldbewusstsein erscheint aus dieser Perspektive als eine wichtige Voraussetzung für Veränderung.

Gott führt die oft schrecklichen Konsequenzen menschlichen Handelns radikal vor Augen und zugleich reagiert er selbst nicht destruktiv, sondern konstruktiv: Er wirft nicht weg, sondern setzt den Grundstein für einen Neuanfang. Weil er wider besseren Wissens auf die Menschen setzt. In scheinbar unendlicher Geduld. Jesus, die Mensch gewordene Liebe Gottes, hat in mit seinem

Leben und Tod sowohl das menschlich Destruktive als auch die uneingeschränkte Hoffnung Gottes auf uns Menschen drastisch deutlich gemacht – geoffenbart!

Warum aber hat mich die Rede vom Eckstein „wuschig“ werden lassen? Weil ich mich frage, ob nur der getötete Sohn des Gutsbesitzers zum Eckstein wird, weil er die destruktiven Mechanismen plastisch zutage gebracht hat. Ist nur er der Neuanfang? Oder sind es auch die Winzer selbst, die laut den Hohepriestern dem Gutsbesitzer eigentlich ja vernichtet oder zumindest verworfen werden müssten?

Wie auch immer: Es tut gut, die Hoffnung nicht aufgeben zu müssen, dass es anscheinend etwas gibt, das den Teufelskreis des Destruktivismus durchbrechen will und kann. Dass Neubeginn möglich ist. Auch bei mir.

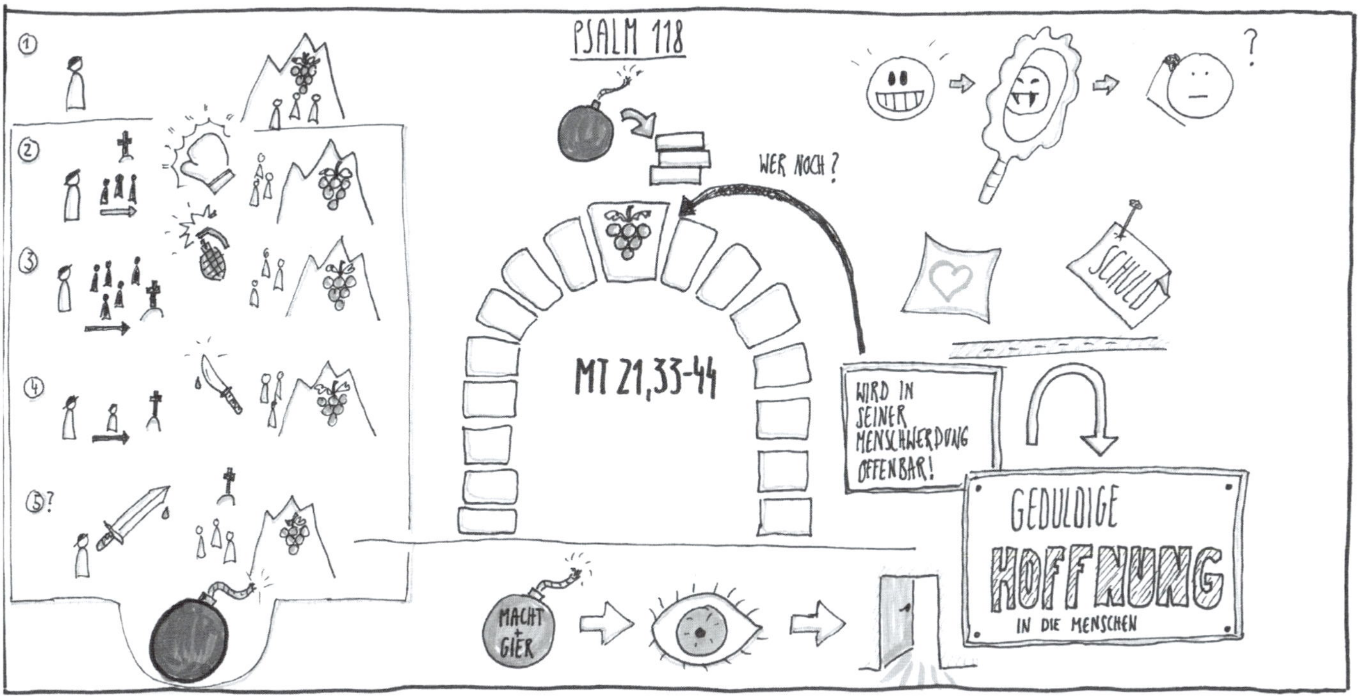

Das königliche Festmahl

28. SONNTAG IM JAHRESKREIS • MT 22,1–14

„Dies Evangelium ist nicht schwer und ist ein schreckliches Evangelium“, sagte 1531 bereits Martin Luther über das Gleichnis vom königlichen Hochzeitsmahl. Und wirklich: das Evangelium dieser Woche steckt voller Rätsel und Widersprüche. Das Gleichnis wird oft als Allegorie gedeutet, die das Drama der Verwerfung Israels schildert. Erzählt wird im Grunde die fortschreitende Heilsgeschichte vom Auftreten der Propheten des Alten Bundes über die Zerstörung Jerusalems bis hin zum Jüngsten Gericht. Gott als der gastgebende König bereitet seinem Sohn (Christus) die Hochzeit (das endzeitliche Heil). Zu diesem Fest laden seine Knechte (die Propheten und Apostel) als Erstes die bevorzugten Gäste (das Volk Israel) ein. Doch diese kümmern sich nicht darum (lehnen also die Heilsbotschaft ab). Bei erneuter dringlicher Aufforderung misshandeln und töten sie sogar die Boten (ein Hinweis auf die alttestamentlichen und neutestamentlichen Märtyrer). Der König lässt daraufhin die „Stadt der Mörder“ (Jerusalem) in Schutt und Asche legen (gemeint ist die Zerstörung Jerusalems im Jahr 70 durch die Römer). Die erneute Einladung ergeht an x-beliebige Gäste an den Enden der Straßen (sprich: die Heiden), unter denen wahllos Böse und Gute geladen werden. Im Hochzeitssaal stellt sich dann heraus, dass einer der Gäste kein Hochzeitsgewand angelegt hat (also im Grunde „unwürdig“ ist). Er wird, an Händen und Füßen gefesselt, in die äußerste Finsternis (die Verdammnis) hinausgeworfen; dort wird er heulen und mit den Zähnen knirschen (also sich selbst Vorwürfe machen).

So weit, so gut, aber die Geschichte läuft nicht einmal formal auf eine Lösung oder eine klare Botschaft hinaus. Ist es denn wirklich so schlimm, kein Festgewand anzuhaben? Die angedeutete Höllenstrafe „an Händen und Füßen gefesselt, hinausgeworfen in die äußerste Finsternis …“ scheint angesichts des geschilderten Verstoßes gegen die Kleiderordnung doch arg übertrieben. Generell scheint die Verurteilung eines Gastes, den man gerade von der Landstraße geholt hat, ziemlich ungerecht. Woher soll er auf die Schnelle wohl ein Festgewand haben? Ziemlich befremdlich erscheint mir auch das Verhalten der Erstgeladenen, die nicht nur Besseres zu tun haben, sondern dann sogar die Boten misshandeln und töten. Wer schlägt denn bitte die Einladung zu einer königlichen Hochzeit aus und zieht stattdessen die Alltagsbeschäftigungen vor? Und dieser Kriegszug als Strafe für die missglückte Einladung ist überhaupt eine völlig überzogene Reaktion. Denn er bestraft damit nicht nur die Schuldigen, sondern brennt gleich die ganze Stadt nieder. Kennt er denn seine Leute nicht, dass er ausgerechnet die Schlimmsten von ihnen einlädt?

Dieses Gleichnis irritiert, verunsichert und ist voller Brüche. Das Anstößige bleibt und ich merke: Ich mag nicht an einen unberechenbaren Gott glauben, der mich erst einladt und mir im nächsten Moment zürnt, weil ich doch unwürdig bin.

Diese Geschichte spricht von der großen Einladung Gottes, aber auch von der Warnung, sich ihr zu verschließen. Die drei Gleichnisse der letzten Sonntage bilden eine Trias und den ersten Teil der großen Abrechnung Jesu mit seinen Gegnern. Die Mahnung, „das Reich Gottes wird euch weggenommen und einem Volk gegeben, das die Früchte einbringt", sowie die Umkehr des zunächst unwilligen Sohns und auch das „Hochzeitsgewand" stehen als Metaphern für die Werke der Gerechtigkeit. So sind alle drei Gleichnisse als Warnung vor Missachtung unserer ethischen Verpflichtungen zu verstehen. Des Heils sicher können sich auch die neuen Gäste nicht sein: Gerufen ist nicht gleich auserwählt! Dies gilt für Juden wie Nicht-Juden und auch für uns Christen. Mit der Episode vom Gast ohne Hochzeitskleid will der Evangelist einem Missverständnis entgegentreten, das durch die wahllose Einladung der Ungeladenen entstehen kann, nämlich als ob es auf das Verhalten der Menschen, die gerufen werden, überhaupt nicht ankäme. Und so komme ich um die unbequeme Frage auch zum Ende hin eben nicht herum: Gehöre ich womöglich auch zu denen, die vor Gott underdressed erscheinen?

Glaube und Verstand

29. SONNTAG IM JAHRESKREIS • MT 22,15–21

Mir imponiert, wie Jesus der billigen Versuchung widersteht, fundamentalistisch zu argumentieren. Er nutzt weder nur die biblischen Schriften noch hohe Theologie, sondern seinen Verstand. Er macht seine Widersacher nicht mundtot mit angeblichen Wahrheiten, sondern er geht in die Diskussion mit Vernunftargumenten! Das ist für mich heute die bedeutendste Aussage des Evangeliums.

Wieder einmal findet sich Jesus im Streitgespräch wieder. Ein Streitgespräch, das kein Dialog, sondern eine Falle werden soll. Es geht also nicht darum, Sichtweisen auszutauschen, um einen umfassenderen Sinn von Dingen zu bekommen, sondern es geht um Recht-haben-Wollen – verpackt als Wahrheit.

„Ist es erlaubt, dem Kaiser Steuern zu zahlen?" Dem Kaiser also seinen Hoheitsanspruch zuzugestehen, der eigentlich nur Gott selbst zukommen darf? Mich erinnert dieser Streit an manche kircheninterne Auseinandersetzung. Wie viel Anpassung oder Abgrenzung von Kirche und Welt ist erforderlich und angemessen?

Da finde ich es schon ziemlich lässig, wie cool Jesus seine Wahrheitskämpfer abserviert: Ganz nüchtern und pragmatisch schaltet er zwei Gänge runter und nimmt dem scheinbar hochbrisanten Thema komplett den Wind aus den Segeln. Und es wird deutlich, wie peinlich und kleinlich sich seine Widersacher gerade aufgeplustert hatten – nur, um Recht haben zu wollen!

Hätte Jesus auf der Ebene des scheinbaren Glaubensbewahrers geantwortet, wäre er tatsächlich in die Falle getappt und hätte das Spiel mitgespielt. Es wäre wohl zu einem Schlagabtausch gekommen, wer wirklich Recht hat, oder besser: Recht und Wahrheit für sich beanspruchen will.

Hat er aber nicht. Er hat nicht als scheinbarer, sondern als tatsächlicher Glaubensbewahrer geantwortet: Er hat Glaube nicht als Wissen und Sicherheit ins Feld geführt, sondern als vertrauende Haltung, die einem ermöglicht, Dinge wieder mit Abstand und gelassen betrachten zu können.

Niemandem ist geholfen, wenn scheinbare Wahrheiten anderen Menschen als steinerne Fakten auf den Kopf geschlagen werden. Wenn ein kleinmachendes „Ja und Amen" erzwungen wird. Wirklicher Dialog setzt dagegen auf Nachvollziehbarkeit in den Argumenten. Es ist ein Bemühen, verständlich (also dem Verstand gemäß) zu kommunizieren.

Wie Jesus das in dem Evangelium macht, ist imponierend. Und es ist die Leitschnur für unsere Auslegungen hier!

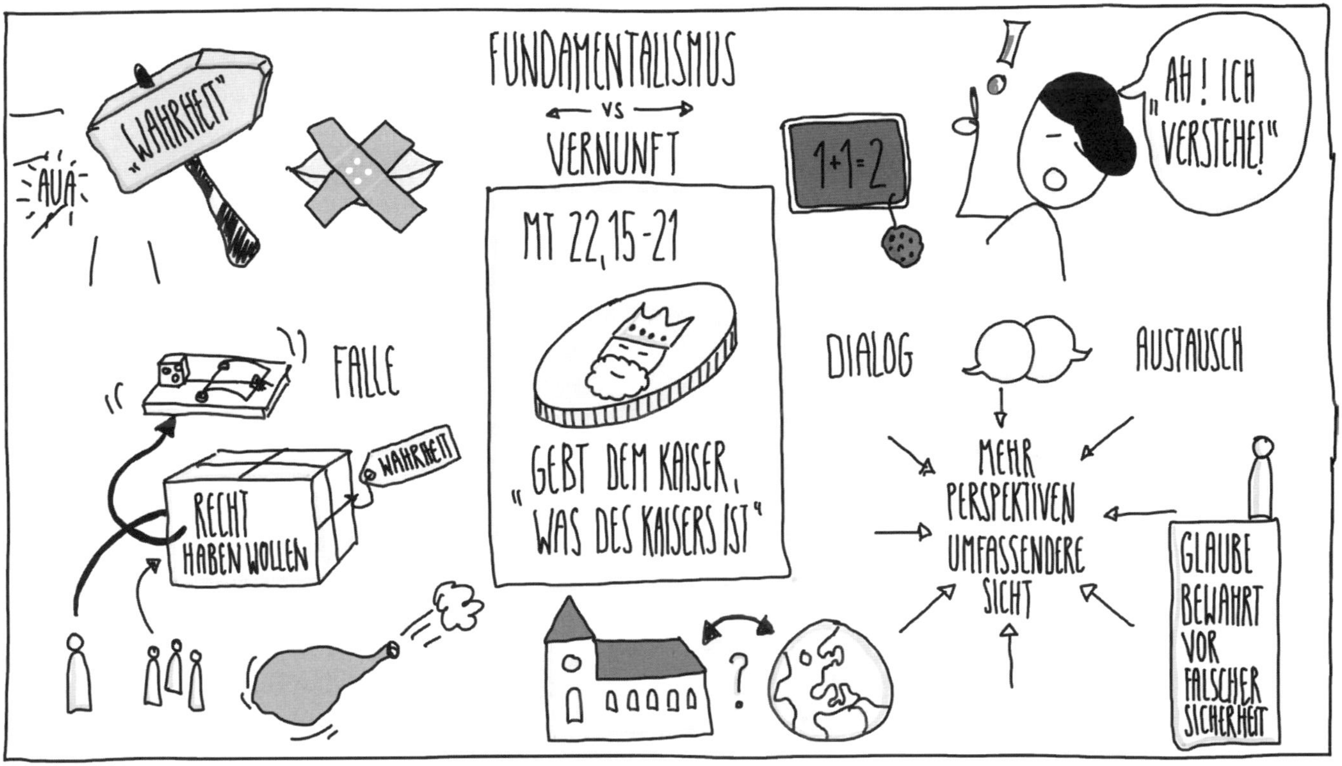
FUNDAMENTALISMUS
VS
VERNUNFT
„WAHRHEIT"
AUA
MT 22,15-21
„GEBT DEM KAISER, WAS DES KAISERS IST"
1+1=2
„AH! ICH VERSTEHE!"
FALLE
WAHRHEIT
RECHT HABEN WOLLEN
DIALOG
AUSTAUSCH
MEHR PERSPEKTIVEN
UMFASSENDERE SICHT
GLAUBE BEWAHRT VOR FALSCHER SICHERHEIT

Das Doppelgebot der Liebe

30. SONNTAG IM JAHRESKREIS • MT 22,34–40

Wie schon am vergangenen Sonntag beginnt auch das heutige Evangelium mit einer scheinbar harmlosen Frage. Diesmal nicht nach der Rechtmäßigkeit des Steuerzahlens, sondern nach dem wichtigsten Gebot der Schrift. Auf den ersten Blick eine unverfängliche Frage, aber Matthäus weist uns extra darauf hin, dass die Pharisäer Jesus „auf die Probe stellen" wollen. Denn was auch immer er antworten würde, er müsste einen Unterschied machen zwischen wichtigen und weniger wichtigen Geboten und sich selbst damit angreifbar. Und doch geht er auf die Frage ein und seine Antwort ist entwaffnend: „Du sollst den Herrn, deinen Gott, lieben mit ganzem Herzen, mit ganzer Seele und mit deinem ganzen Denken. Das ist das wichtigste und erste Gebot. Ebenso wichtig ist das zweite: Du sollst deinen Nächsten lieben wie dich selbst. An diesen beiden Geboten hängt das ganze Gesetz und die Propheten."

Er hat nicht gesagt, eure Liebe zum Nächsten soll genauso groß sein wie die Liebe zu Gott, sondern: Das Gebot der Nächstenliebe gleicht dem Gebot der Gottesliebe an Wichtigkeit. Denn Gott sollen wir ja mehr als alles andere lieben. Unsere Mitmenschen aber sollen wir nicht mehr lieben als uns selbst, sondern nur wie uns selbst. Wenn wir also genau hinsehen, kommt noch eine dritte Liebe hinzu, die Selbstliebe. „Liebe deinen Nächsten wie dich selbst" wird in christlicher Pseudo-Demut gern überhört oder übergangen. Selbstliebe hat jedoch nichts mit Egoismus oder Narzissmus zu tun. Ganz im Sinne des Korintherbriefs: „Liebe prahlt nicht, setzt sich nicht in den Mittelpunkt und will nicht mehr sein, als sie ist." Das gilt auch für die Selbstliebe, dass sie sich nicht ins Übermaß setzt. Aber nur wer sich auch selbst liebt, sich selbst annehmen kann, wird fähig sein zur Liebe anderen Menschen gegenüber und letztlich auch zu Gott.

Das Gebot der Nächstenliebe ist keine Erfindung Jesu, er zitiert hier die Stelle aus Lev 19,18. Bereits die Zehn Gebote enthalten ja diese beiden Teile, auf der einen Seite die Gebote, die die Anerkennung Gottes betreffen, auf der anderen Seite die Gebote, die das Verhalten der Menschen untereinander regeln. Das Gebot der Nächstenliebe war also den Juden durchaus vertraut. Die Besonderheit bei Jesus ist, dass er das Gebot der Nächstenliebe auf alle Menschen ausweitet, dass Nächstenliebe sich auch auf die Menschen beziehen muss, denen wir ablehnend gegenüberstehen, also auch unsere Feinde mit einschließen muss.

Gott über alle Dinge lieben und den Nächsten wie sich selbst – diese beiden Gebote sind gleichrangig und sie gehören untrennbar zusammen. Denn wer Gott über alle Dinge liebt, der liebt auch, was Gott liebt: nämlich die Menschen, die er geschaffen hat. Der Evangelist Johannes schreibt in seinem ersten Brief zu diesem Liebesgebot gleichsam einen Kommentar: „Wir lieben, weil Gott uns zuerst geliebt hat." Das heißt: Gott macht immer den Anfang. Er liebt uns ohne Vorbedingungen. Und so sollen auch wir einander lieben. Und „an diesen beiden Geboten hängt das ganze Gesetz und die Propheten."

Die Zehn Gebote sind nichts weiter als Entfaltungen des Liebesgebots, wir können sie quasi am Doppelgebot der Liebe aufhängen. Alles, was Gott uns da aufträgt, ist gut für uns und unsere Beziehungen: nicht zu lügen, zu betrügen und zu stehlen und unsere Eltern sowie das Leben unserer Mitmenschen zu achten. Das Doppelgebot kann also mit Fug und Recht das höchste Gebot genannt werden, ohne die anderen herabzustufen. Gottes Wort ist aber mehr als Gesetz. „Gesetz und Propheten" meint alle Schriften des Alten Testaments, alles, was Gott uns offenbart hat. Und das ist weit mehr als moralische Forderungen, sondern kurz gesagt: das ganze Evangelium. Das wichtigste Gebot der Bibel ist also nicht zugleich die wichtigste Botschaft Gottes, sondern nur ihr Aufhänger.

Und so dürfen wir auch Paulus verstehen, der im Römerbrief schreibt: „So ist nun die Liebe die Erfüllung des Gesetzes", und unseren Alltag frei nach den Worten des großen Bischofs Augustinus gestalten: „Liebe, und dann tue, was du willst."

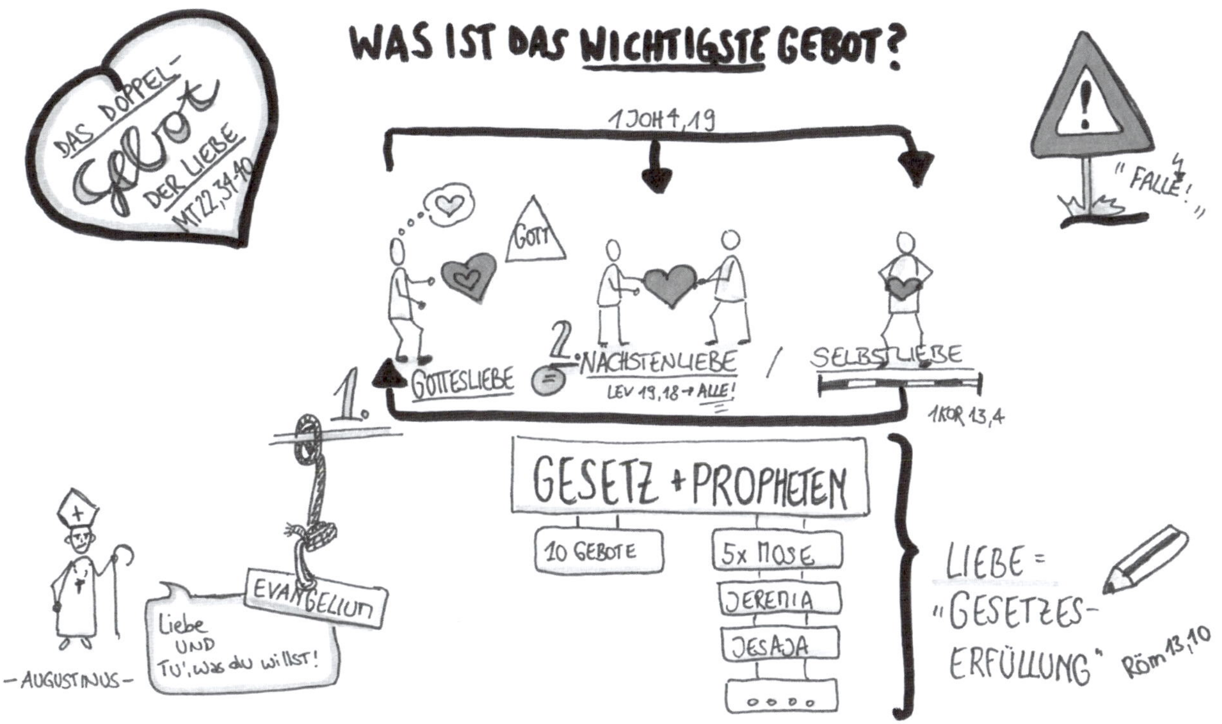

Wehe-Rufe gegen die Pharisäer

31. SONNTAG IM JAHRESKREIS • MT 23,1–12

Die Wehe-Rufe gegen die Schriftgelehrten und Pharisäer sind Jesu Kritik an einer Auslegung der Schrift, die die bestehenden Machtverhältnisse untermauert.

Der Evangeliumstext ist eine lange Liste an Vorwürfen Jesu gegenüber den Pharisäern und Schriftgelehrten. Also gegenüber denjenigen, die damals ihre Position ausnutzten und ihr Wissen und Ansehen als Macht und zur Unterdrückung einsetzten: „Sie schnüren schwere und unerträgliche Lasten zusammen und legen sie den Menschen auf die Schultern, selber aber wollen sie keinen Finger rühren, um die Lasten zu bewegen. Alles, was sie tun, tun sie, um von den Menschen gesehen zu werden." So zu reden ist schon ziemlich aufrührerisch. Und es wundert kaum, dass Jesu Auftreten durchaus politisch gedeutet wurde und dass das Establishment alles daransetzte, ihn mundtot zu machen.

Jesu Kritik ist zeitlos und würde sich heute natürlich auch gegen die Kirche richten. Denn es ist allzu menschlich, den eigentlichen Zweck, den eigentlichen Grund und die eigentliche Aufgabe etwas aus den Augen zu verlieren und stattdessen das eigene Wohlergehen zu sichern. Wer dies erkannt hat, weiß, dass es umso mehr einer grundsätzlichen Offenheit gegenüber Kritik bedarf. Also eines Korrektivs, das natürlich in einem mehr oder weniger gut geölten System zu Reibungsverlusten und Verzögerungen führt. Geschieht das jedoch nicht, werden die Systemkräfte so stark, dass der Drang zum Selbsterhalt über allem steht und alles dafür im Weg Stehende zunehmend ausgeräumt und verdrängt wird. Der Prozess hin zu einem totalitären System geht natürlich schleichend voran. Doch umso wichtiger ist es, die kritischen Stimmen stets bewusst zuzulassen. Ansonsten bekommen selbst so kritische Worte wie „Der Größte von euch soll euer Diener sein" einen faden und sogar gefährlichen Beigeschmack, wenn sie einseitig von der Kanzel herab gepredigt werden.

Der evangelische Theologe Ernst Christian Achelis hat es 1890 so formuliert: *„Predige nicht dich selbst, desto mehr dir selbst."*

Was wäre wohl die Predigt, die sich die Bischöfe heute selbst zusprechen würden? Welche Botschaft würde von dem symbolischen Akt ausgehen, die Bischofs-Kathedra bewusst nicht zu besetzen, sondern auf einem Schemel daneben Platz zu nehmen? Welchen Wert bekommen demokratische und synodale Strukturen innerhalb der Kirche, die auch den leiseren Stimmen Gehör verschaffen? Aber vor allem gilt es, Jesu Worte ganz grundlegend ernst zu nehmen und die Worte der Schrift nicht als

Druckmittel und Werkzeug der Bindung und Abhängigkeit zu missbrauchen: „Sie schnüren schwere und unerträgliche Lasten zusammen und legen sie den Menschen auf die Schultern."

Kirche kann und soll ein Ort sein, an dem Mut, Zuversicht und Hoffnung erlebbar werden und Sinn für Verantwortung aufblitzt. Und das kann man gar nicht genug predigen – auch sich selbst!

Gleichnis von den klugen und dummen Jungfrauen

32. SONNTAG IM JAHRESKREIS • MT 25,1–13

In biblischen Zeiten gab es zwar noch keine Autos, aber im heutigen Sonntagsevangelium geht es trotzdem um den Tiger im Tank. Im Gleichnis von den klugen und dummen Jungfrauen geht es um eine Hochzeit (gemeint ist das Zusammenkommen von Gott und Mensch, die persönliche Gottesbeziehung). Nun lässt der Bräutigam aber auf sich warten (hier geht es um die versprochene Wiederkunft Christi) und wenn es mal wieder länger dauert, kann man dabei a) schon mal etwas schläfrig werden und kann b) das Öl für die Lampen knapp werden (im Orient wurden und werden bis heute Hochzeiten wegen der Hitze am Abend gefeiert). Das Öl steht symbolisch für unsere Glaubenskraft, also das, was wir in die Gottesbeziehung investieren. Dass unsere „Flamme der Liebe" für den Glauben nicht immer lichterloh brennt (alle zehn Jungfrauen sind müde und schlafen ein), scheint unproblematisch und allzu menschlich. Aber der entscheidende Knackpunkt liegt in der Frage nach dem Reserveöl. Als es so weit ist, sind die einen vorbereitet (können also die Flamme neu entzünden), die anderen aber sind blank und haben nur noch ihre Sparflamme zur Verfügung. Also bitten die einen die anderen: Gebt uns von eurem! Aber diese Bitte wird abgelehnt, muss sogar abgelehnt werden, denn „mein Glaube", meine Gottesbeziehung ist eben nicht teilbar wie Geld, Kleidung oder ein Pausenbrot. Die Unvorbereiteten müssen zu den Händlern gehen. Beziehungspflege kostet etwas. Andere können Aufgaben für mich übernehmen. Ich kann Freude und Trauer mit jemandem teilen. Aber die Entscheidung für Gott kann mir keiner abnehmen, ich kann meine Gottesbeziehung nicht teilen und niemandem von meinem Glauben abgeben. Es gibt diesen Moment, in dem wir unvertretbar sind. ICH muss da sein, wenn der Herr kommt.

Und: Wer zu spät kommt, den bestraft das Leben! Jesu Botschaft lautet hier also: Seid nicht wie die dummen Jungfrauen, sondern sorgt dafür, dass die Beziehung zu Gott in euch lebendig bleibt ,und gebt euch nicht mit einem geistlichen Existenzminimum zufrieden, sondern tankt ordentlich voll, haltet wenigstens die Glut dauerhaft, damit ihr zum Zeitpunkt X Vollgas geben könnt. Klug und vorausschauend handelt diejenige, die sich angewöhnt, immer wieder frisches Öl ins Glaubenslämpchen nachzufüllen. „Ich habe meinen Glauben — das reicht" ist dagegen faul und entpuppt sich am Ende vielleicht als verbrannte Erde.

Also, wie sieht es bei dir aus? Was ist überhaupt dein Kraftstoff? Und wo tankst du auf? Hast du den Tiger im Tank?

GOTT & MENSCH
MT 25,1-13
?!
WER ZU SPÄT KOMMT...
DUMM
VS.
KLUG
R
1
a)
b)
ÖL
?!
GIB MIR!
NEIN

Das Gleichnis von den Talenten

33. SONNTAG IM JAHRESKREIS • MT 25,14–30

Das Evangelium irritiert: Wird Jesus plötzlich zum Anlageberater?

In dem wohlbekannten Gleichnis von den Talenten erwirtschaften zwei der drei Diener immerhin 100% Rendite. Dem dritten wirft der von seiner Reise wiederkommende Herr vor, schlecht gewirtschaftet zu haben. Schließlich hatte dieser sein eines Talent vergraben und noch nicht einmal zinsertragreich zur Bank gebracht. Zur Strafe wird ihm sogar das letzte genommen und er wird hinaus in die äußerste Finsternis geworfen.

Was für uns heute ärgerlich erscheint und wo wir sofort Widerspruch einlegen wollen, dürfte für die damaligen judenchristlichen Zuhörer*innen noch viel irritierender gewesen sein: Es gab doch ein klares Zinsverbot! Aus der Not anderer durch Zinsen Profit zu erzielen, galt doch als großer Frevel!

Beide Übertreibungen – sowohl die utopischen 100% Rendite als auch der anstößige Verzinsungstipp – machen deutlich, dass es sich hier sicher nicht um konkrete (christliche) Anlagestrategien handeln dürfte. Es geht um das Gottesreich und den Eifer darum: Genauso intensiv wie die Heiden Zinsen eintreiben und bis zum Anschlag spekulieren, so energisch sollen die Zuhörer*innen sich um das Anbrechen des Gottesreiches mühen! Plastischer kann man es eigentlich nicht ausdrücken!

Und wie im Evangelium des letzten Sonntags, dem Gleichnis von den klugen und dummen Jungfrauen, ahnt man, dass hierfür eine gewisse Portion Ernsthaftigkeit und eben nicht Nachlässigkeit erforderlich ist. Ohne aktives Management verkümmert der Glaube und hört auf, dem Leben Form zu geben. Und Tatenlosigkeit verliert die Vision des Gottesreiches aus dem Blick.

Damit der Glaube dem Leben Form geben kann, braucht er Betätigungsfelder. In diesen zeigt der Glaube auch seine Lebensrelevanz und ist nicht bloß abstraktes Für-Wahr-Halten. Kurt Hahn, der sog. Vater der Erlebnispädagogik hat einmal gesagt: „Es bedarf der Ernährung der Motive, um sie am Leben zu halten." Glaube will gepflegt werden. Lebendig wird Glaube im Tun.

Mit dem Gleichnis von den Talenten kündigt sich ein weiteres Mal die Advendstzeit an – mit ihrem Weckruf zu mehr Wachsamkeit und Achtsamkeit. Es ist das Gegenteil von Zurückgezogenheit und Angst. Das Gegenteil vom dem Verschließen der Augen vor aller großen und kleinen Ungerechtigkeit. Das Gegenteil von innerlichen Vergraben.

Das Gleichnis ist Aufruf zu mehr Risikobereitschaft und zu einem Investment in das Reich Gottes, das über kalkulierbare Sicherheiten hinausgeht. Die hohe Rendite, eine gerechtere Welt, spüren dabei nicht nur die Menschen, für die wir uns einsetzen, sondern wir selbst, denn unser Glaube zeigt sich in seiner vollen Lebensrelevanz: Es wird unmittelbar spürbar, warum es sich lohnt, gut zu sein!

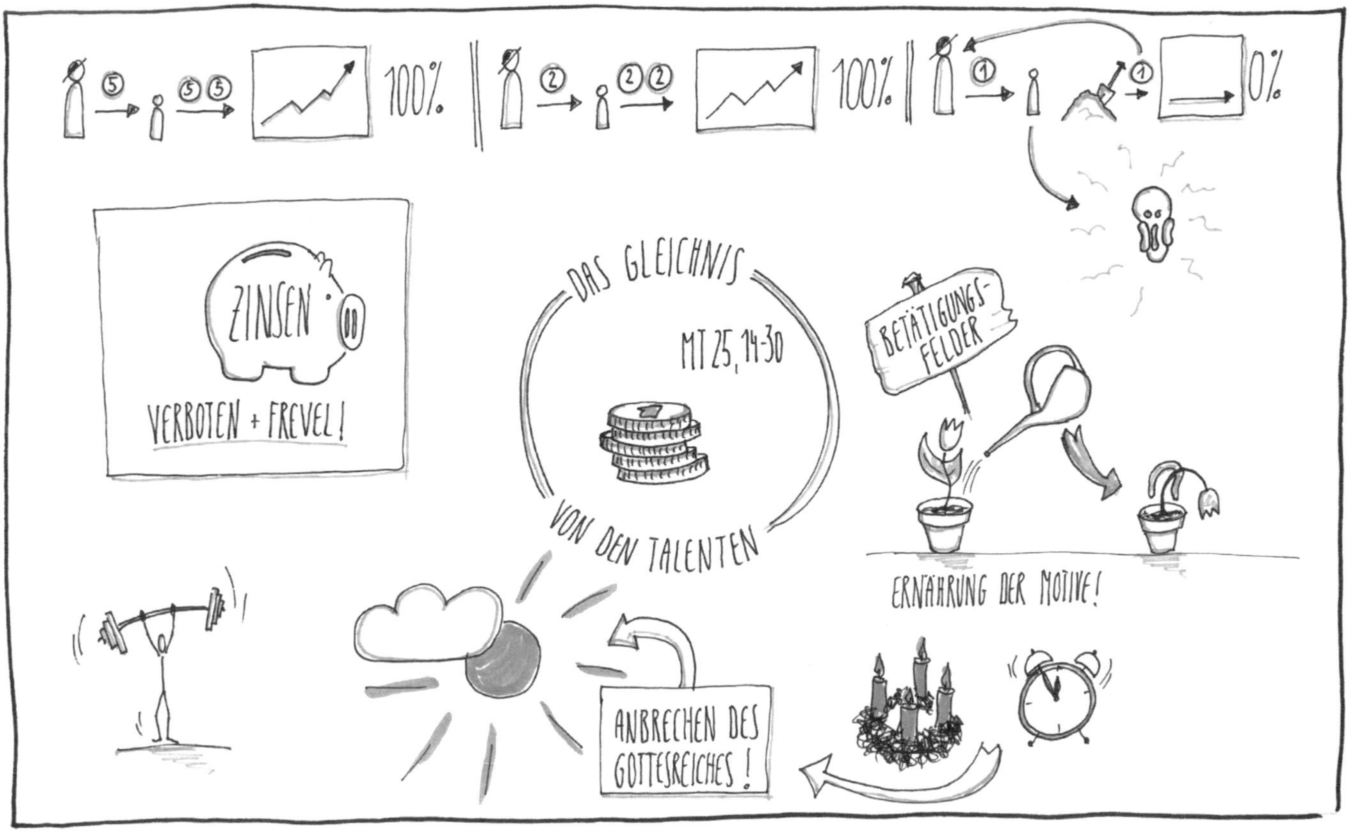
100%
100%
0%
ZINSEN
VERBOTEN + FREVEL!
DAS GLEICHNIS
MT 25, 14-30
VON DEN TALENTEN
BETÄTIGUNGS-
FELDER
ERNÄHRUNG DER MOTIVE!
ANBRECHEN DES
GOTTESREICHES!

Christkönig und das Weltgericht

CHRISTKÖNIG • MT 25,31–46

Am heutigen Sonntag – dem letzten des Kirchenjahres – feiert die katholische Kirche das Fest Christkönig. Dieses Fest ist noch keine 100 Jahre alt und wurde in einer Zeit (1925) eingeführt, in der der Papst jegliche weltliche Macht verloren hatte und die Monarchien Europas durch Demokratien abgelöst wurden. Viele Menschen können mit dem Bild von Jesus Christus als König heute wenig anfangen. Das mittelalterliche Bild zeichnet Könige als Herrscher und Kriegsführer. Damit kann ich meinen friedensstiftenden Gott nur schwer in Verbindung bringen. Das neuzeitliche Bild ist von Prunk und Protz gekennzeichnet – auch das will nicht so recht zu einem Gott passen, der in einem Stall Mensch wird und sich solidarisch zeigt mit den Armen, Kleinen und Schwachen. Die aktuellen Königshäuser Europas werden eher als repräsentative denn als mächtige Institutionen erlebt und taugen allzuoft gerade noch für die Klatschzeitschriften. Mit diesem Bild wäre Gott der Lästerei ausgeliefert oder gleich gänzlich irrelevant.

Wie also passt ein solches Fest heute noch in die Zeit? Für ein kirchliches Fest ist es erstaunlich politisch und das nicht nur aufgrund seines Bezugs zum Königtum: Wenn wir dieses Fest feiern und bekennen „Christus ist König“, dann gehört dazu auch, dass sein Reich eben „nicht von dieser Welt ist“. In seinem Reich herrschen gerade nicht die weltlichen Gesetze von Macht und Kalkül, oben und unten, Siegern und Besiegten. Obwohl es auch im Reich Gottes um Macht geht und einen klaren Sieger gibt: Christus hat den Tod besiegt und Gott zeigt sich darin allmächtig, weil seine Liebe stärker ist als der Tod und die widergöttlichen Mächte des Bösen. Sein Königreich ist „nicht von dieser Welt“, weil die Maßstäbe Gottes vollkommen andere sind: Wer in dieser Welt groß und mächtig sein will, macht in der Regel andere Menschen klein. Jesus macht die kleinen Leute groß (Zachäus) und gibt Unbedeutenden Ansehen. In dieser Welt ist derjenige König, der viele Menschen unter sich hat, je mehr, desto besser. Königlich in Jesu Sinne ist es, den Menschen zu dienen. Dabei kommt es nicht darauf an, wie vielen, sondern mit welcher Hingabe. Und in dieser kommerziell geprägten Welt gilt der als König, der sich gut verkaufen und vermarkten kann, ob im Sport, auf der Bühne oder in der Politik. Im Reich Gottes sind aber auch die wertvoll, die nichts mehr zu verkaufen haben. Das wird am Ende der Maßstab des Gerichts sein, wenn die Zeiten zu Ende gehen, und Christus als dieser König wiederkommen wird, um wie es im Glaubensbekenntnis heißt: „zu richten die Lebenden und die Toten“. Ein Gericht, das aufdecken wird, wo Bosheit, Lüge und Gier andere Menschen und Gottes Schöpfung gequält und niedergedrückt haben. Und dieses Gericht wird auch erkennen lassen, wo selbstlose Liebe, Aufrichtigkeit und Mut dazu geführt haben, daß Menschen aufatmen konnten und zu ihrem Recht kamen. In diesem Gericht wird all den Menschen Gerechtigkeit widerfahren, deren Schreie niemanden interessiert haben und für die niemand eingetreten ist.

Und in diesem Sinn passt für mich bei allem Fremdeln mit dem Königsbild ein solches Bekenntnis durchaus auch in unsere Zeit: Christkönig kann daran erinnern, dass christliche Werte unsere Demokratie entscheidend geprägt haben. Wir haben etwas zum Maßstab beizutragen, wenn es um Flüchtlinge, Klimaschutz, Lebensschutz oder faire Arbeitsbedingungen geht. Als Christen müssen wir uns im Geiste Jesu in den gesellschaftlichen Diskurs einbringen und eine frohe Botschaft verkünden: Nämlich dass in seinem Königreich auch geflüchtete, behinderte, alte, arme, kranke, missbrauchte und missachtete Menschen Platz haben.

Also, seid dieses Königs Kinder und engagiert euch!

Bibelstellenregister